Johanna COHEN-ROSET
@majoliepierre

LE PETIT GUIDE DE LA LITHOTHÉRAPIE

Origine · Usages · Vertus

mercileslivres

SOMMAIRE

INTRODUCTION

Les pierres sont les témoins de l'évolution de la planète Terre. Partant de ce constat, il n'est pas étrange de se dire qu'elles renferment une énergie indiscutable et qu'apprendre à s'en servir ne peut être que bénéfique, tant pour notre bien-être physique, que pour notre bien-être psychique.

LA LITHOTHÉRAPIE EN QUELQUES MOTS

Le mot lithothérapie provient du grec *lithos* qui signifie « pierre » et *therapeia* qui signifie « cure ».

C'est une thérapie énergétique dont le but est d'apporter un mieux-être physique et psychique grâce à l'utilisation des pierres. Celles-ci peuvent en effet être utilisées soit pour leur vibration spécifique soit pour les minéraux qu'elles contiennent.

LES LIMITES DE LA LITHOTHÉRAPIE

Les pierres contribuent à rééquilibrer l'énergie vitale du corps afin de l'aider à se réparer. Ce n'est pas la pierre qui répare mais bien le corps lui-même. Les pierres n'ont rien de magique.

À ce jour, aucune étude n'a démontré que les pierres pouvaient avoir une quelconque action thérapeutique. Il a cependant été scientifiquement prouvé que les minéraux émettent des vibrations. Ils produiraient même des effets piézoélectriques* et pyroélectriques**.

L'effet placebo a également été prouvé lors de travail thérapeutique avec les minéraux (mais aussi lors de thérapies médicales en règle générale) et ses bénéfices ne sont plus à démontrer.

Enfin, de nombreuses personnes à travers le monde et le temps témoignent des bénéfices qu'elles ont rencontré suite à leur travail avec les pierres sans pour autant que l'on puisse l'expliquer scientifiquement.

L'ACTION DES PIERRES

L'action des pierres est provoquée par plusieurs éléments :

- **sa vibration** unique qui rentre en résonance avec la vibration du corps humain constitué en grande partie d'eau et d'oligoéléments ;
- **sa couleur** ;
- **sa composition chimique** ;
- **ses effets piézoélectriques et pyroélectriques** ;
- **sa forme** qui déterminera la façon dont elle va agir et change la manière dont l'énergie est distribuée ;
- **le principe de l'égrégore** : quand un grand nombre de personnes ont une même croyance, l'énergie de cette croyance s'en trouve nourrie et peut donc être perceptible ;
- et **une part de mystère** qui n'a pas encore été démontrée par la science.

Ne cherchez pas à tout comprendre, beaucoup de choses existent sans que l'on puisse expliquer leur mécanisme. Ayez le moins de préjugés possible et encore moins d'attentes. Ainsi, vous ne pourrez qu'être agréablement surpris !

---

* Capacité à générer un voltage répondant à une pression mécanique.

** Capacité à générer un potentiel électrique suite à une modification de température.

PARTIE 1

DÉBUTER EN LITHOTHÉRAPIE

LE KIT DE BASE

CHOISIR VOS PIERRES

Vous vous demandez peut-être avec quelle pierre commencer votre pratique de la lithothérapie.

Il n'y a malheureusement pas de règle tout établie à appliquer.

Vous pouvez démarrer par l'achat d'une pierre qui vous attire : l'intuition fonctionnant parfaitement, elle correspondra la plupart du temps au travail que vous souhaitez effectuer sur vous. Autrement, si vous préférez un choix plus réfléchi et avez besoin d'un guide concret pour vous aider, vous pouvez chercher un cristal en fonction de ses vertus, des chakras que vous désirez équilibrer ou de votre signe astrologique par exemple.

Chaque pierre pouvant agir de nombreuses manières, il sera important de bien définir votre objectif afin de vous assurer que vous orientez l'énergie de la pierre de façon correcte.

Il n'y a pas d'erreur en lithothérapie, l'important est avant tout d'écouter ses ressentis.

LE KIT DES PIERRES POUR DÉBUTER

POUR LEURS PROPRIÉTÉS ANTISTRESS

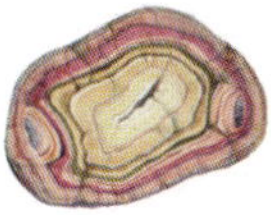

une agate

ou

un lépidolite

POUR LE SUCCÈS ET L'ABONDANCE

une citrine

ou

une aventurine

POUR UN SOMMEIL DE MEILLEURE QUALITÉ

une améthyste

ou

une sélénite

ou

une calcite bleue

POUR SES PROPRIÉTÉS EXCEPTIONNELLES ET SON UNIVERSALITÉ

un cristal de roche

POUR VOUS PROCURER UN SENTIMENT D'AMOUR ET D'APAISEMENT

un quartz rose

POUR VOUS PROTÉGER DES ÉNERGIES NÉGATIVES

une labradorite

ou

un œil-de-tigre

POUR VOUS AIDER À VOUS CONCENTRER ET À ÊTRE PLUS EFFICACE DANS VOTRE TRAVAIL

une fluorite

ou

une pyrite

LES ASSOCIATIONS DE PIERRES

QUELLES RÈGLES POUR ASSOCIER LES PIERRES ?

On entend fréquemment dire qu'il existe des règles particulières selon lesquelles telle pierre ne s'associerait pas avec telle autre. Vous l'aurez compris depuis le début de ce livre, je prône une lithothérapie libre et à l'écoute des ressentis de chacun.

Toutefois, je vous indiquerai dans ce chapitre les associations qui seraient « à éviter » afin que vous puissiez vous construire votre propre avis sur le sujet. Certains minéraux donnent de l'énergie et d'autres l'absorbent. Ainsi, même si aucun effet vraiment négatif ne pourra être engendré par une combinaison malheureuse, l'énergie des pierres pourrait être amoindrie, voire nulle, ou vous pourriez ressentir une sensation légèrement désagréable (maux de tête, picotements...). Alors, soyez tranquille et n'hésitez pas à expérimenter !

LES DIFFÉRENTS TYPES D'ASSOCIATION

ASSOCIATION PAR LA COULEUR

Les pierres présentant les mêmes tons ont plus ou moins les mêmes propriétés. Les pierres rouges sont énergisantes, les pierres bleues agissent sur la communication, etc. En suivant cette logique, et à l'exception de quelques pierres, vous ne risquez pas de vous tromper en travaillant sur une problématique avec deux minéraux de la même couleur.

ASSOCIATION PAR LES CHAKRAS

Chaque pierre étant associée à un chakra particulier, l'idée est de travailler avec des pierres agissant sur le même centre énergétique afin d'accentuer les effets de chacune.

ASSOCIATION PAR LA COMPOSITION CHIMIQUE OU LE SYSTÈME CRISTALLIN

Cette méthode demande de connaître les caractéristiques chimiques et géologiques de chaque pierre avec laquelle vous travaillez. Toutefois, ces deux éléments vont induire des propriétés communes à toutes les pierres appartenant à un même groupe, il peut donc être intéressant de faire une association en fonction de ces facteurs.

ASSOCIATION PAR LES VERTUS

Cette association est celle que l'on fait le plus naturellement. Si vous avez besoin d'apaisement, vous n'allez pas marier une agate, qui est une pierre calmante, avec une obsidienne, qui aide à effectuer un travail intense sur soi-même, par exemple. Une combinaison par vertus identiques est la plus efficace. Elle permet en plus d'amplifier le traitement d'une problématique en particulier.

NE PAS MULTIPLIER LES ASSOCIATIONS

Attention à ne pas combiner trop de pierres à la fois ! Il est conseillé de ne pas travailler avec plus de trois ou quatre pierres en simultané. Cela évite que les énergies se dispersent et cela diminue aussi les risques d'erreur.

LES PIERRES À UTILISER PLUTÔT SEULES

- La malachite, qui aurait tendance à absorber les énergies des autres pierres.
- La turquoise et l'améthyste ne s'associent pas très bien et ne devraient pas se toucher.
- La shungite, dont la propriété principale est d'absorber les énergies (dont celle des autres pierres), devrait être portée seule.
- Le péridot annulerait les effets des autres pierres.
- L'émeraude, dont l'énergie s'inhiberait au contact des autres pierres.
- L'obsidienne, pierre très puissante, se suffirait à elle-même.

Attention au cas particulier du bracelet chemin de vie* : ces combinaisons ne sont pas contre-indiquées, car c'est la synergie des pierres qui agit et non pas les pierres individuellement.

POUR LE SOMMEIL

Quartz rose pour l'apaisement au coucher + Améthyste pour un endormissement plus rapide.

POUR LA PROTECTION

Œil-de-tigre contre le mauvais œil + Tourmaline noire contre les ondes électromagnétiques + Labradorite pour absorber les énergies négatives à votre place.

POUR L'ABONDANCE

Citrine, aventurine et pyrite, trois pierres réputées pour apporter chance et succès en affaires.

Précision

Le cristal de roche est une pierre universelle qui agit sur tous les chakras et s'associe sans problème avec les autres minéraux, dont il amplifie les effets.

POUR LA CONCENTRATION

Fluorite pour la mémorisation + Pyrite pour l'organisation de ses pensées.

POUR LA VITALITÉ

Pierre de soleil, cornaline et citrine qui sont trois pierres énergisantes.

---

* Bracelet composé grâce à la numérologie et vos informations de naissance qui contiendra vos huit pierres personnelles. Ces pierres sont censées vous accompagner durant votre vie, chacune agissant d'une façon différente.

POUR L'APAISEMENT

Agate pour ses vertus calmantes + Quartz rose pour le sentiment d'amour et de réconfort.

POUR L'AMOUR

Quartz rose, rhodonite et kunzite trois pierres qui agissent sur le chakra du cœur et apportent un sentiment d'amour. Elles sont également bénéfiques aux relations de couple.

POUR LA CRÉATIVITÉ

Azurite et jaspe mokaïte qui développent tous deux la créativité et l'imagination.

POUR LA CONFIANCE EN SOI

Œil-de-tigre pour dépasser ses peurs + Calcite orange pour le courage d'aller de l'avant.

LES ASSOCIATIONS À ÉVITER

Comme évoqué un peu plus tôt, les associations à éviter sont celles de pierres possédant des énergies contraires, ce qui aurait pour effet d'annuler ou au minimum de diminuer leur action.

À retenir

Il est normal et légitime de vouloir multiplier les pierres pour traiter une problématique, mais il faut être conscient qu'on ne peut associer tous les minéraux sous peine de minorer leurs effets.

Enfin, écoutez-vous. Si vous sentez qu'une association censément compatible n'est pourtant pas bonne pour vous, portez simplement les pierres séparément. Faites confiance à votre intuition, il n'y a aucune règle en lithohérapie qui ne peut être expérimentée. Rien ne vous empêche de tester une association pour voir ce qui se passe.

LES RÈGLES D'OR DE LA LITHOTHÉRAPIE

Dans la pratique de la lithothérapie, de nombreuses indications sont à suivre pour une utilisation optimale des pierres et de leurs énergies.

ÉVITER DE CHOISIR UNE PIERRE POUR QUELQU'UN D'AUTRE

Il est important de rappeler que l'intuition personnelle joue un rôle immense dans le choix des pierres à utiliser et que faire ce choix pour une autre personne n'est pas forcément pertinent.

Choisir une pierre, c'est créer un lien avec elle et c'est plus compliqué, voire impossible, lorsqu'il y a un intermédiaire (même rempli de bonnes intentions).

CÉDER UNE PIERRE À QUELQU'UN

Il est bien sûr possible de transmettre une pierre à quelqu'un. La personne qui la reçoit devra bien prendre soin de la purifier avant de l'utiliser pour ne pas être parasitée par les énergies du précédent propriétaire.

NE PAS VOUS SOIGNER GRÂCE AUX PIERRES UNIQUEMENT SANS CONSULTER DE MÉDECIN

Une pierre ne remplacera jamais un traitement médical. Elle peut venir en soutien, mais si vous souffrez d'une pathologie quelconque, consultez un médecin.

L'énergétique est un domaine dont les résultats sont aléatoires et dépendent de trop d'éléments différents pour la considérer comme un moyen de traitement plutôt que comme un support aux traitements classiques.

NE PAS VOULOIR RÉGLER TROP DE PROBLÈMES EN UNE FOIS

On ne peut vouloir à la fois lutter contre le stress, attirer l'abondance et améliorer la communication. Abordez les problèmes l'un après l'autre ; lorsque vous sentez une amélioration, passez au suivant. Commencez par ce qui vous gêne le plus ou par ce qui vous semble le plus simple. Suivez votre instinct !

NE PAS ACCUMULER TROP DE PIERRES SUR VOUS

Accumuler les pierres est contre-productif. Il est plus efficace de laisser à une pierre le temps d'agir plutôt que de concevoir une combinaison particulière au risque de faire des erreurs d'association. Utiliser une ou deux pierres sur soi est amplement suffisant. Si vous souhaitez amplifier l'énergie, vous pouvez utiliser le même minéral sous plusieurs formes.

PARTIE 2

PURIFICATION ET RECHARGEMENT DES PIERRES

PURIFIER UNE PIERRE

Dans la pratique de la lithothérapie, une personne se sert de l'énergie d'une pierre et interagit avec celle-ci. Il est normal de la purifier et de la recharger afin de pouvoir continuer à profiter de tous ses bienfaits.

LES TECHNIQUES DE PURIFICATION

PAR LA FUMIGATION

Pour purifier grâce à la fumigation : passez votre pierre dans les volutes de fumée d'un bâton d'encens, de sauge ou de palo santo pendant quelques minutes. Visualisez toujours des intentions de purification et de neutralité lorsque vous accomplissez ce processus.

PAR ENFOUISSEMENT

Méthode faisant appel aux courants telluriques : il suffit d'enterrer la pierre pendant plusieurs jours voire plusieurs semaines.

C'est une technique efficace mais plutôt lente. Attention à bien marquer l'endroit de l'enfouissement afin de le retrouver facilement.

Les citadins pourront utiliser cette méthode grâce à un pot de terre, par exemple.

PAR L'EAU

Cette méthode ne peut être utilisée avec les pierres ne supportant pas le contact avec l'eau.

Pour les autres pierres, vous pouvez alors soit procéder par trempage de la pierre dans un récipient rempli d'eau durant plusieurs minutes ou plusieurs heures en fonction de son état énergétique, soit la placer sous l'eau d'un robinet en visualisant les énergies négatives la quitter.

PAR LE SEL

Là aussi, il existe deux façons de procéder :

- poser les pierres sur du sel (du sel de l'Himalaya*, par exemple, ou du gros sel) ou les ensevelir dans le sel ;
- poser les pierres dans un récipient, lui-même posé sur un plus grand récipient contenant du sel. C'est une méthode indirecte utilisée avec les pierres qui ne supportent pas le contact avec cette substance.

Les deux techniques sont efficaces même si la seconde est un peu plus lente. Une fois la purification effectuée, jetez le sel hors de votre habitation.

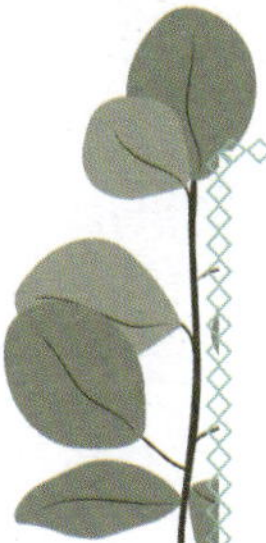

Attention

Plusieurs pierres ne supportent pas l'eau ou le sel.

Je vous invite vivement à consulter les fiches pour savoir si ces méthodes sont déconseillées.

En cas de doute, utilisez les autres techniques qui ne présentent aucun risque.

* Le sel de l'Himalaya contient moins de sodium et 80 oligoéléments, c'est pourquoi il a la faveur des lithothérapeutes.

RECHARGER UNE PIERRE

LES TECHNIQUES DE RECHARGEMENT

Une fois la pierre purifiée, il faut lui redonner son énergie en la rechargeant. Pour cela, il existe différentes méthodes.

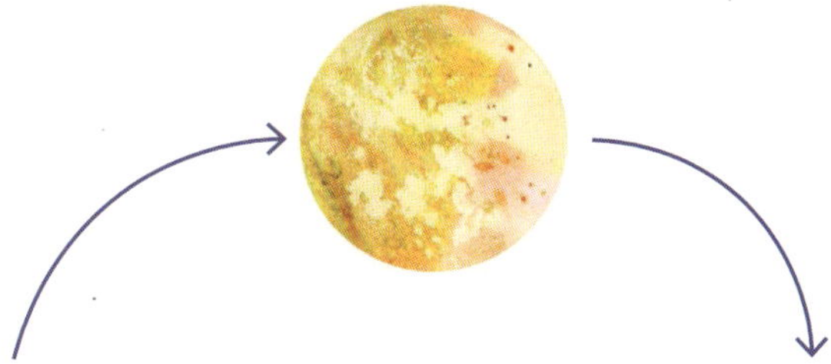

À LA LUMIÈRE SOLAIRE

Pour utiliser la puissance du Soleil, il vous suffira d'exposer vos pierres à ses rayons toute une journée afin de les revitaliser.

Cependant, attention, toutes les pierres ne supportent pas le Soleil : certaines ont tendance à perdre leur couleur lorsqu'elles sont soumises trop longtemps aux UV (par exemple, l'améthyste ou le quartz rose).

Pour ces pierres, je recommande le rechargement à la lumière lunaire.

À LA LUMIÈRE LUNAIRE

Contrairement aux idées reçues, il n'est pas indispensable d'attendre une pleine Lune pour recharger une pierre grâce aux énergies lunaires. La pleine Lune est simplement plus efficace, car le rayonnement est plus fort donc le rechargement sera plus rapide et puissant. Toutefois, vous pouvez tout à fait recharger vos pierres durant d'autres phases lunaires. Néanmoins, évitez les moments où le rayonnement est faible, c'est-à-dire à la nouvelle Lune, au premier et au dernier croissant.

PURIFIER ET RECHARGER UNE PIERRE

Certaines techniques permettent de purifier et de recharger en même temps et n'ont aucune contre-indication, toutes les pierres peuvent y être soumises.

LES GÉODES DE QUARTZ OU D'AMÉTHYSTE

Posez vos pierres à l'intérieur pendant plusieurs heures et plusieurs fois par semaine en fonction de leur utilisation. Vous n'avez rien à faire de plus. L'énergie de la géode s'occupe du reste. Petite remarque cependant : on dit qu'une géode d'améthyste, étant plutôt reliée aux champs spirituels, rechargera mal les pierres agissant particulièrement sur le corps physique. Le cristal de roche étant plus neutre et universel, il rechargerait toutes les pierres sans distinction.

LA COQUILLE SAINT-JACQUES

Elle émet des ondes de formes positives qui permettent de recharger les pierres que l'on dépose à l'intérieur.
Là encore, la purification et le rechargement de vos pierres sont efficaces au bout de plusieurs heures (une nuit par exemple).

LA FLEUR DE VIE

C'est une illustration représentant tout ce qui existe sur terre.

Le symbole de la fleur de vie a été étudiée par Léonard de Vinci qui a retrouvé les solides de Platon dans sa géométrie ainsi que les proportions du nombre d'or (1,618). Ce nombre a été utilisé dans la construction de nombreux hauts lieux énergétiques comme les pyramides d'Égypte ou certaines grandes cathédrales, mais aussi dans les proportions du corps humain et des plantes.

Cette rosace crée une onde de forme à fort taux vibratoire qui irradie et recharge les pierres que l'on dépose dessus.

Quelques heures seulement sont nécessaires pour une purification et un rechargement complet.

LE BOL TIBÉTAIN (OU BOL CHANTANT)

Posez une ou plusieurs pierres à l'intérieur du bol et faites-le chanter en tournant le maillet sur l'extérieur dans le sens des aiguilles d'une montre pendant quelques secondes. Terminez le processus en tapant le bol d'un coup sec et attendez le silence complet avant de retirer votre pierre.

Quand les purifier et les recharger ?

Il est recommandé de purifier et de recharger toute pierre dès son acquisition. En effet, elle est passée par de nombreuses mains avant d'arriver jusqu'à vous et a vraiment besoin d'un *reset* afin d'être le plus efficace possible.

Ensuite, après une utilisation ponctuelle, si elle a eu à délivrer beaucoup d'énergie, par exemple, lors d'un soin énergétique, il sera nécessaire de la purifier et de la recharger de nouveau.

Lorsque vous l'employez sur une autre personne, vous devez procéder à sa purification avant de l'utiliser sur vous afin de ne pas être parasité par les énergies de quelqu'un d'autre.

Si vous portez un cristal sur vous au quotidien, il est conseillé de le purifier et de le recharger au minimum une à deux fois par semaine.

Enfin, sachez qu'une petite pierre se déchargera plus vite qu'une pierre de taille plus importante.

PARTIE 3

IDENTIFIER LES PIERRES ET LEURS CARACTÉRISTIQUES

COMPRENDRE LES FICHES

Dans ce livre, vous trouverez vingt-neuf fiches d'identité qui vous permettront de comprendre chaque pierre, ses caractéristiques et ses utilisations possibles. Sans être exhaustives, ces fiches recèlent beaucoup d'informations qui nécessitent d'être décryptées pour que vous puissiez en faire bon usage.

LE GROUPE D'APPARTENANCE

On dénombre plus de 3 000 espèces minérales. Il existe différentes classifications possibles, mais la plus connue, celle de Strunz, est basée sur leur composition chimique.
Il n'est pas utile de rentrer dans le détail de la classe chimique de chaque pierre, l'indication du groupe d'appartenance est suffisante pour votre pratique et vous permettra de faire des associations judicieuses entre plusieurs minéraux. Les minéraux faisant partie d'un même groupe ont souvent des vertus proches ou complémentaires.

LA COMPOSITION CHIMIQUE

La composition chimique d'une pierre exercerait une influence sur son rayonnement énergétique et donc sur ses propriétés thérapeutiques.
En connaissant les éléments minéraux qui la composent, vous pourrez déterminer facilement ses vertus principales :

- le calcium qui agit sur les os et les muscles ;
- le chrome qui agit sur le diabète et le cholestérol ;
- le cuivre qui agit sur les infections et l'ostéoporose ;
- le chlore qui agit sur la diarrhée, les nausées et les crampes ;
- le fluor qui agit sur les os et les dents ;
- le fer qui agit sur la fatigue et l'anémie ;
- le silicium qui agit sur la confiance en soi et le système nerveux ;
- l'iode qui agit sur la thyroïde ;
- le lithium qui agit sur l'équilibre mental ;
- le magnésium qui agit sur la fatigue et les nausées ;
- le potassium qui agit sur les problèmes cardiaques et la constipation ;
- le sodium qui agit sur la déshydratation et l'hypotension ;
- le zinc qui agit sur l'acné et la cicatrisation cutanée.

LE SYSTÈME CRISTALLIN

Chaque cristal est une structure composée de différents éléments chimiques (cobalt, oxyde de fer, soufre, etc.). La manière dont s'organisent les atomes qui constituent cette structure détermine son système cristallin.
Il existe sept systèmes cristallins différents caractérisés par leur forme géométrique. Chaque minéral ayant sa propre structure, il possède également une signature vibratoire unique et exerce donc une action différente sur le corps humain.

LA DURETÉ

Inventée en 1812 par le minéralogiste allemand Friedrich Mohs, l'échelle portant son nom permet de mesurer la dureté de chaque pierre (c'est-à-dire le degré de résistance aux frottements et aux rayures) de la plus tendre à la plus dure, de 1 à 10. Une pierre qui possède une dureté de 4 sur l'échelle de Mohs est moins dure qu'une pierre qui se situe au niveau 8. La calcite raye le gypse mais pas le quartz, par exemple.

L'ÉCHELLE DE MOHS

Dureté 1 : *talc*, friable sous l'ongle.
Dureté 2 : *gypse*, peut être rayé avec l'ongle.
Dureté 3 : *calcite*, peut être rayé avec une pièce en cuivre.
Dureté 4 : *fluorite*, peut être rayé facilement avec un couteau.
Dureté 5 : *apatite*, peut être rayé avec un couteau.
Dureté 6 : *orthose*, peut être rayé à la lime.
Dureté 7 : *quartz*, peut rayer le verre.
Dureté 8 : *topaze*, peut être rayé par le carbure de tungstène.
Dureté 9 : *corindon*, peut être rayé au carbure de silicium.
Dureté 10 : *diamant*, peut être rayé seulement avec un autre diamant.

LA FORMATION DES PIERRES

Connaître le processus et le milieu de formation de chaque pierre peut être très intéressant. Un minéral se forme dans un contexte environnemental et chimique particulier. Les mouvements de la croûte terrestre, les modifications de pression et de température sont à l'origine de l'arrangement moléculaire qui caractérisera chaque variété. La croûte terrestre est composée de trois types de roches.

LES ROCHES MAGMATIQUES (OU ROCHES IGNÉES)

Elles se constituent après refroidissement et solidification du magma. Le magma peut se solidifier soit en profondeur et lentement (les roches plutoniques), soit rapidement et en surface (les roches volcaniques).

LES ROCHES SÉDIMENTAIRES

Elles se forment par l'accumulation de couches de sédiments transportés par le vent ou le gel par exemple.

LES ROCHES MÉTAMORPHIQUES

Roches profondes transformées par la modification de pression et/ou de chaleur de leur milieu.

La formation des roches est un processus très long qui explique que pendant ces milliers voire millions d'années, les pierres aient accumulé et stocké de l'énergie dont on se sert en lithothérapie.

LES INCLUSIONS

Les pierres peuvent être pures ou bien comporter des inclusions, qui sont des irrégularités visibles à l'intérieur. Cela peut être un autre minéral, mais aussi une particularité née pendant la formation de la roche et laissant une marque. Une inclusion n'est pas nécessairement considérée comme un défaut, elle peut même au contraire parfois augmenter le prix d'une pierre (inclusion de rutile notamment, quartz fantôme, etc.).

LES COULEURS

Dans chaque fiche, la liste de couleurs fournie n'est pas exhaustive, seules les couleurs les plus communes sont mentionnées.

Si la vôtre est d'un coloris différent de ceux indiqués, cela ne veut pas dire qu'elle est fausse ou colorée artificiellement. Certaines pierres existent dans de nombreux coloris et il est difficile de tous les citer, surtout lorsqu'ils sont plus rares.

En plus de la faculté d'absorption de la lumière par le cristal il est intéressant de connaître les éléments qui confèrent leur couleur aux pierres.

Ainsi, le manganèse donnera plutôt du rose ou du noir, le cuivre du vert ou du bleu, le chrome du vert ou du violet rougeâtre ; le fer pourra donner des tons jaunes, rouges, violets ou verts.

LES VERTUS

Le principe de la lithothérapie est d'utiliser les pierres pour leurs bienfaits. Que ce soit sur le plan physique, mental ou spirituel, les vertus de chaque pierre sont mentionnées.

Je me suis limitée aux propriétés principales mais sachez que les effets pourront bien sûr être différents selon la personne qui la porte.

LE CHAKRA ASSOCIÉ

Les chakras principaux sur lesquels agit la pierre sont précisés, mais sachez qu'elle peut bien sûr agir sur tous en fonction de l'effet souhaité.

Selon la couleur de la pierre, le chakra de prédilection pourra aussi être différent pour un même minéral. Ainsi, une fluorite bleue aura un effet sur le chakra de la gorge, alors qu'une fluorite verte agira plutôt sur celui du cœur.

AGATE

CARACTÉRISTIQUES

Groupe d'appartenance : quartz

Composition chimique : dioxyde de silicium

Système cristallin : rhomboédrique

Dureté : 6,5 à 7

Couleurs : gris, vert, bleu, jaune, rouge, brun, noir

Chakra associé : dépend de sa couleur

PURIFICATION ET RECHARGEMENT

Purification par fumigation ou par trempage dans l'eau, puis rechargement à la lumière du Soleil.

ORIGINE DU NOM

Le mot « agate » provient du grec *akhatês,* qui fait référence au nom de la rivière où elle a été découverte : l'*Achates* en Sicile.

FORMATION

L'agate se forme toujours à basse température dans les roches volcaniques, les filons hydrothermaux, les roches sédimentaires ou encore comme pseudomorphe de matières organiques.

Ses motifs sont dus à l'action de l'eau lors de sa formation.

HISTOIRE DE LA PIERRE

L'agate est une des pierres dont l'exploitation est la plus ancienne. À l'époque des Égyptiens, l'agate était déjà utilisée pour la fabrication de bijoux, mais également pour confectionner des objets décoratifs mettant en valeur ses magnifiques couleurs. Des amulettes ont également été retrouvées dans de nombreux tombeaux.

Les Romains, quant à eux, la broyaient et utilisaient cette poudre pour se soigner des morsures de reptiles.

VERTUS

Sur le plan physique

L'agate aiderait à combattre les douleurs, qu'elles soient articulaires ou musculaires. Elle serait parfaite pour une personne sportive, car elle permettrait une récupération plus rapide après l'effort.

Elle aurait également des effets bénéfiques et régénérants sur la peau sur les tissus.

Enfin, si vous vous faites piquer par un insecte, posez une agate sur la piqûre pour sentir un apaisement rapide.

Sur le plan mental et spirituel

La vertu principale de l'agate est d'être calmante, apaisante. C'est une pierre aux vibrations particulièrement douces qui détendrait et aiderait à lutter contre les angoisses.

L'agate est aussi connue pour ses facultés d'ancrage tout en douceur. Elle harmoniserait les lieux de vie et les énergies. Elle aiderait également à l'acceptation et à la compréhension de soi-même. Ainsi, grâce à elle, la confiance en soi s'améliorerait progressivement.

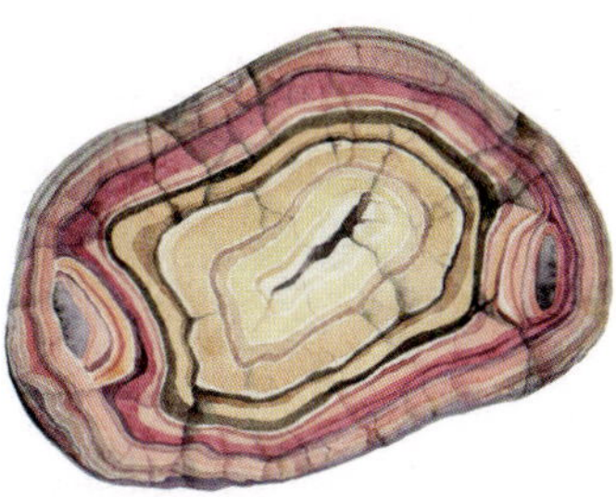

AMAZONITE

CARACTÉRISTIQUES

Groupe d'appartenance : feldspath
Composition chimique : silicate double d'aluminium et de potasse
Système cristallin : triclinique
Dureté : 6 à 6,5
Couleurs : bleu pâle à bleu turquoise et vert
Chakra associé : cœur

PURIFICATION ET RECHARGEMENT

Purification par fumigation ou par trempage dans l'eau, puis rechargement à la lumière du Soleil ou de la Lune. Attention, l'amazonite craint le sel, évitez donc de la purifier sur du gros sel ou dans de l'eau salée.

ORIGINE DU NOM

L'amazonite tient son nom du fleuve Amazone.

FORMATION

L'amazonite est généralement de formation magmatique. Le processus de cristallisation peut également se former dans les filons hydrothermaux.

Sa couleur verte est due à une faible quantité d'eau et de plomb et non à la présence de cuivre comme on le pensait à l'origine.

HISTOIRE DE LA PIERRE

La mythologie grecque associerait cette pierre à la symbolique des guerrières amazones.

Elle est mentionnée et utilisée depuis l'Antiquité par les Égyptiens et les Grecs et apparaît même dans les légendes des Navajos d'Amérique du Nord.

VERTUS

Sur le plan physique

Après un choc émotionnel, l'amazonite aiderait à retrouver sa sexualité.

Elle renforcerait le système immunitaire et soulagerait les pathologies survenant à cause du stress.

L'amazonite vous protégerait en absorbant les ondes électromagnétiques qui auraient une incidence néfaste sur la santé.

Sur le plan mental et spirituel

Cette pierre vous permettrait de ressentir de nouveau la joie de vivre : elle vous aiderait à chasser toute pensée négative afin de retrouver une sensation de bonheur. L'amazonite améliorerait la gestion des émotions en les équilibrant.

Elle permettrait une connexion avec votre enfant intérieur afin de retrouver l'apaisement et de guérir certains traumatismes liés à l'enfance.

Enfin, à l'image des guerrières amazones, elle apporterait le courage pour aller de l'avant et vaincre les obstacles.

AMBRE

CARACTÉRISTIQUES

Groupe d'appartenance : organique
Composition chimique : résine végétale fossile
Système cristallin : amorphe
Dureté : 2 à 3
Couleurs : jaune à brun foncé, rouge, blanc, noir
Chakra associé : plexus solaire

PURIFICATION ET RECHARGEMENT

Purification par fumigation ou par trempage dans l'eau, puis rechargement à la lumière du Soleil.

ORIGINE DU NOM

Le nom vient de l'arabe *anbar* qui désigne, à la base, l'ambre gris.

FORMATION

L'ambre provient de résines végétales fossilisées après un changement climatique important ou une blessure dans l'écorce d'un végétal datant de plusieurs millions d'années.

HISTOIRE DE LA PIERRE

Son utilisation est très ancienne, puisqu'à la Préhistoire l'ambre servait de colle. Cette résine fossilisée a également été taillée en bijoux et en objets d'art.

Durant l'Antiquité, l'ambre, ayant une valeur très élevée, servait de monnaie d'échange.

Le peuple slave, quant à lui, croyait que l'ambre représentait les larmes pétrifiées de Dieu. Il fallait alors en porter sur soi pour être protégé.

VERTUS

Sur le plan physique

L'ambre donnerait de l'énergie et de la vitalité à ceux qui en manquent. Il aiderait à lutter contre la fatigue chronique.

Il serait bénéfique à toutes les pathologies liées aux voies respiratoires et à la gorge (bronchite, angine, etc.). Porté en collier, il permettrait de prévenir les douleurs dentaires des nourrissons.

Posé sur le chakra sacré, l'ambre améliorerait une libido défaillante.

Enfin, il apaiserait les migraines et permettrait de retrouver un sommeil de meilleure qualité.

Sur le plan mental et spirituel

L'ambre permettrait à son porteur d'améliorer sa confiance en soi et son charisme. Les plus timides gagneront en assurance en se libérant du regard des autres.

C'est aussi un excellent purificateur. Il permettrait d'absorber les énergies négatives stagnantes et de les transformer en vibrations positives.

C'est une pierre joyeuse qui apaiserait les sentiments de tristesse et de mélancolie.

AMÉTHYSTE

CARACTÉRISTIQUES

Groupe d'appartenance : quartz

Composition chimique : dioxyde de silicium

Système cristallin : rhomboédrique

Dureté : 7

Couleurs : violet très clair au violet très foncé en passant par le pourpre

Chakra associé : coronal

PURIFICATION ET RECHARGEMENT

Purification par fumigation ou par trempage dans l'eau, puis rechargement à la lumière de la Lune.

ORIGINE DU NOM

Issu du latin *amethystus* et du grec *amethustos* signifiant « qui n'est pas ivre ».

FORMATION

Les améthystes peuvent se former en profondeur dans des filons ou en surface dans des coulées de lave volcanique grâce à la cristallisation de la silice. Les cristaux tapissent alors les géodes, qui sont en fait des vides créés par d'anciennes bulles de gaz. Cette pierre tient sa couleur violette des résidus de fer présents dans sa structure cristalline.

HISTOIRE DE LA PIERRE

Dans la Rome antique, lors des orgies, des coupes taillées en améthyste donnaient à l'eau versée la couleur du vin, tout en évitant l'ivresse.

Autre légende : Dionysos, le dieu du vin, souhaitait conquérir la belle Amethystos. La passion intense de Dionysos pour la nymphe a forcé cette dernière à se tourner désespérément vers Artémis pour obtenir de l'aide. Cette dernière a alors transformé Amethystos en un cristal dans les bras de Dionysos. Celui-ci, furieux, versa alors du vin sur la roche, teignant les cristaux de violet.

VERTUS

Sur le plan physique

Cette pierre est réputée pour ses propriétés antistress. Une améthyste posée près du lit aiderait à ne pas être envahi par les pensées le soir, ce qui apporte un sommeil de meilleure qualité.

Elle est également utilisée pour aider à se libérer des addictions et notamment de l'ivresse. Elle pourrait vous accompagner lors d'un sevrage tabagique, par exemple.

Grâce à ses vertus apaisantes, elle soulagerait l'hypertension et les migraines et permettrait de ne plus souffrir de douleurs musculaires.

Sur le plan mental et spirituel

L'améthyste permettrait de moins ressentir la pression du quotidien et aiderait au lâcher-prise. Elle donnerait de l'assurance, procurerait un sentiment de sécurité et lutterait contre tout sentiment morose en redonnant confiance en l'avenir.

C'est également une alliée de taille pour la pratique de la méditation. Elle aiderait à l'élévation spirituelle en facilitant la concentration et la détente.

Elle transformerait le négatif en positif et mettrait en relief la beauté en toute chose. Il deviendrait plus facile de profiter du moment présent.

Les personnes vivant un deuil pourront se faire accompagner d'une améthyste : elle serait d'un soutien sans faille et permettrait de ne pas être envahi par la tristesse ou de sombrer dans la dépression.

APATITE

CARACTÉRISTIQUES

Groupe d'appartenance : apatite

Composition chimique : fluorochlorophosphate basique de calcium

Système cristallin : hexagonal

Dureté : 5

Couleurs : bleu clair à bleu foncé en passant par le vert, mais existe aussi en orange, jaune et rose. L'apatite peut en effet être confondue avec diverses autres pierres.

Chakra associé : gorge

PURIFICATION ET RECHARGEMENT

Purification par fumigation ou par trempage dans l'eau, puis rechargement à la lumière du Soleil.

ORIGINE DU NOM

Le nom vient du grec *apataein* qui signifie « tromper ». On peut aussi y voir un lien avec la déesse grecque de la tromperie, Apaté.

FORMATION

L'apatite est présente dans quasiment tous les types de roches : plutoniques, sédimentaires et métamorphiques. On la trouve abondamment dans certaines roches alcalines et dans les filons hydrothermaux de haute température.

HISTOIRE DE LA PIERRE

Cette pierre n'ayant été nommée qu'à partir du XVIIIe siècle, peu d'écrits lui ont été consacrés. Elle aurait toujours été utilisée et réputée pour ses vertus amincissantes et aurait accompagné des personnes dans leur perte de poids depuis de nombreuses années.

VERTUS

Sur le plan physique

L'apatite est réputée pour favoriser la croissance osseuse, mais également ralentir l'ostéoporose et soulager les douleurs associées. Elle aiderait notamment à réduire les fractures.

Cette pierre pourrait aussi agir sur les problèmes dentaires.

Avant tout, l'apatite est connue pour son effet diurétique. Elle est l'alliée principale de la perte de poids. Elle régulerait l'appétit et diminuerait les envies impérieuses.

Sur le plan mental et spirituel

L'apatite favoriserait l'expression orale, elle serait parfaite pour accompagner une personne devant parler en public par exemple.

Dans un cercle plus restreint, elle libérerait la parole et permettrait de s'affranchir des filtres qui empêchent de dire ce que l'on a sur le cœur.

C'est également un cristal apaisant, relaxant, idéal pour les personnes sujettes au stress du quotidien. Il aiderait à mieux gérer ses émotions et ne plus se laisser déborder par elles.

AVENTURINE

CARACTÉRISTIQUES

Groupe d'appartenance : quartz
Composition chimique : dioxyde de silicium
Système cristallin : rhomboédrique
Dureté : 7
Couleurs : vert, bleu, orange, brun, rouge
Chakra associé : dépend de sa couleur

PURIFICATION ET RECHARGEMENT

Purification par fumigation ou par trempage dans l'eau, puis rechargement à la lumière du Soleil.

ORIGINE DU NOM

Issu de l'italien *per aventura* qui signifie « accidentel ».

FORMATION

L'aventurine se forme dans les roches magmatiques, les roches métamorphiques, les veines hydrothermales ou les fentes alpines.

HISTOIRE DE LA PIERRE

Il y a plus de 4 000 ans, les Chinois associaient l'aventurine à la déesse Guanyin Pusa, qui représentait l'amour inconditionnel.

Le peuple inca, quant à lui, utilisait l'aventurine pour attirer l'abondance. Les Tibétains croyaient que l'aventurine améliorait la vue.

Enfin, les chercheurs d'or américains la portaient à la fin du XIXe siècle pour s'attirer la chance lors de leurs fouilles.

VERTUS

Sur le plan physique

L'aventurine est connue pour améliorer l'aspect de la peau. Elle apaiserait l'acné et aurait une action bénéfique sur les pathologies cutanées telles que le psoriasis ou l'eczéma.

Elle accélérerait la régénération cellulaire et favoriserait également la cicatrisation.

Elle serait utile contre la fatigue oculaire et les problèmes liés aux yeux en règle générale.

Sur le plan mental et spirituel

L'aventurine régulerait et stabiliserait les émotions. Elle calmerait l'agitation et serait particulièrement recommandée aux personnes nerveuses, y compris les enfants, qui ont du mal à se canaliser et qui retrouveraient avec elle un sentiment de bien-être et d'apaisement.

Elle stimulerait la créativité ainsi que l'imaginaire, et permettrait aux émotions de s'exprimer par cet intermédiaire. Elle lutterait contre les pannes d'inspiration ou toute autre difficulté artistique et serait idéale pour les personnes créatives.

CALCÉDOINE

CARACTÉRISTIQUES

Groupe d'appartenance : quartz
Composition chimique : dioxyde de silicium
Système cristallin : rhomboédrique
Dureté : 6,5 à 7
Couleurs : gris, bleu clair à bleu foncé, mauve
Chakra associé : gorge

PURIFICATION ET RECHARGEMENT

Purification par fumigation ou par trempage dans l'eau, puis rechargement à la lumière du Soleil.

ORIGINE DU NOM

Son nom provient de l'ancienne ville grecque Khalkedon, aujourd'hui située en Turquie, où l'on a découvert de nombreux gisements de calcédoine.

FORMATION

Elle se forme essentiellement dans les roches de type volcanique, à basse température.

En fonction des impuretés présentes à l'intérieur, la calcédoine va les intégrer à sa structure cristalline. Sa couleur variera selon ces éléments.

HISTOIRE DE LA PIERRE

Il y a des milliers d'années, cette pierre était utilisée pour créer des outils et des sceaux en raison de sa faible adhérence avec la cire.

Les Romains pensaient que la calcédoine facilitait la prise de parole en public. Il est dit que l'empereur Cicéron en portait une autour du cou lors de ses interventions.

La calcédoine bleue est également mentionnée à plusieurs reprises dans la Bible et la Torah.

Au Moyen Âge, Hildegarde de Bingen conseillait la calcédoine pour apaiser la colère et la mauvaise humeur.

VERTUS

Sur le plan physique

La calcédoine est bénéfique pour toutes les pathologies liées à la gorge et au larynx. Elle calmerait les angines et les inflammations des cordes vocales.

Portée autour du cou, elle serait également utile contre le bégaiement. La calcédoine permettrait une récupération et une consolidation plus rapides lors de fractures ou de blessures.

Sur le plan mental et spirituel

La calcédoine est une pierre de paix intérieure et d'apaisement du mental. Elle vous apporterait douceur et harmonie, vous permettant de vous sentir moins anxieux dans votre quotidien.

Elle calmerait les personnes surmenées qui ne savent pas s'arrêter. Elle les inciterait à faire d'elles-mêmes une priorité en s'accordant des temps de pause. Elle aiderait les personnes timides à libérer leur parole, à aller plus facilement vers les autres et aurait un effet bénéfique sur les relations sociales.

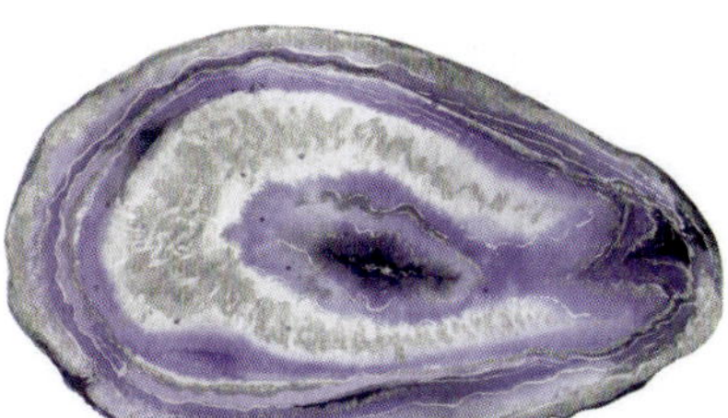

CITRINE

CARACTÉRISTIQUES

Groupe d'appartenance : quartz
Composition chimique : dioxyde de silicium
Système cristallin : rhomboédrique
Dureté : 7
Couleurs : jaune, de très pâle au plus brun et foncé
Chakra associé : plexus solaire

PURIFICATION ET RECHARGEMENT

Purification par fumigation ou par trempage dans l'eau, puis rechargement à la lumière du Soleil.

ORIGINE DU NOM

Le nom « citrine » vient du latin *citrus* qui signifie « citron », en référence à la couleur de la pierre.

FORMATION

Comme l'améthyste, la citrine se forme principalement lors du refroidissement d'un magma et résulte de la cristallisation de la silice.

C'est le fer en faible quantité qui lui donne sa couleur jaune.

HISTOIRE DE LA PIERRE

La citrine est une pierre utilisée depuis l'Antiquité par les Romains pour la réalisation de cabochons.

Elle servait également de talismans porte-bonheur pour protéger du venin et du mauvais œil.

VERTUS

Sur le plan physique

La citrine serait une pierre énergisante. Elle tonifierait le corps dans son ensemble et aiderait à lutter contre la fatigue.

Elle aurait une action contre les nausées et les vomissements.

La citrine permettrait un bon fonctionnement du système endocrinien et de la thyroïde.

Sur le plan mental et spirituel

La citrine est une pierre solaire réputée pour donner peps et bonne humeur.

C'est la pierre la plus utilisée pour apporter l'abondance et la chance à celui qui la porte.

Elle donnerait confiance en soi et permettrait d'être moins sensible à la critique.

Elle combattrait la tristesse et réduirait le stress en développant une vision positive de l'avenir.

CORNALINE

CARACTÉRISTIQUES

Groupe d'appartenance : quartz

Composition chimique : dioxyde de silicium

Système cristallin : rhomboédrique

Dureté : 6,5 à 7

Couleurs : orange clair à rouge brun

Chakra associé : sacré

PURIFICATION ET RECHARGEMENT

Purification par fumigation ou par trempage dans l'eau, puis rechargement à la lumière du Soleil.

ORIGINE DU NOM

La cornaline tiendrait son nom de sa couleur rouge qui rappelle celle du fruit du cornouiller.

FORMATION

L'intensité de la couleur peut varier selon la concentration de la pierre en oxyde de fer.

HISTOIRE DE LA PIERRE

Des fouilles archéologiques en Mésopotamie ont permis de dater l'utilisation des premières cornalines aux alentours de 2 700 ans avant Jésus-Christ. Elles étaient prisées dans la médecine égyptienne pour leurs vertus curatives.

La légende dit même que la déesse Isis s'en servait pour protéger les morts durant leur ultime voyage.

VERTUS

Sur le plan physique

La cornaline est une pierre joyeuse, pleine d'énergie, qui donne envie de profiter de la vie et de toutes les expériences qu'elle offre. En la portant, vous ressentirez un regain de vitalité. Elle est donc idéale pour les personnes fatiguées et en manque d'énergie, qu'elle soit physique ou mentale.

Elle est également profondément liée à la féminité et à la fécondité, qu'elle améliorerait. Posée sur le bas-ventre, elle apaiserait les douleurs menstruelles.

Cette pierre est déconseillée aux personnes hypertendues.

Sur le plan mental et spirituel

Cette pierre permet également de retrouver la bonne humeur et la joie de vivre. Avec elle, les pensées négatives s'éloigneront et vous pourrez retrouver un esprit tranquille, serein et apaisé.

La cornaline aide à aller vers les autres, à être moins timide et à gagner en sociabilité.

Pour les personnes devant parler en public, elle donnera plus d'assurance et de confiance en soi.

C'est une pierre qui donne du courage en apportant la sensation de pouvoir vaincre tous les obstacles se mettant en travers de votre route. Avec une cornaline dans la poche, plus rien ne peut vous arrêter.

Cette pierre est liée au corps et à l'acceptation de celui-ci. Elle aide à la réparation émotionnelle des traumatismes physiques.

CRISTAL DE ROCHE

CARACTÉRISTIQUES

Groupe d'appartenance : quartz
Composition chimique : dioxyde de silicium
Système cristallin : rhomboédrique
Dureté : 7
Couleurs : incolore à blanc
Chakra associé : tous

PURIFICATION ET RECHARGEMENT

Se nettoie par trempage dans l'eau et se recharge à la lumière du Soleil.

ORIGINE DU NOM

Du grec *krystallos* qui signifie « glace » pour sa ressemblance avec le cristal.

FORMATION

Le cristal de roche se forme dans de nombreux environnements géologiques différents. On le retrouve notamment dans les roches magmatiques, métamorphiques, sédimentaires et dans les veines hydrothermales. Il est chimiquement pur, ce qui explique sa grande transparence et son absence de couleur.

HISTOIRE DE LA PIERRE

Des fouilles archéologiques ont démontré l'utilisation de cristal de roche pour faire du feu à l'époque préhistorique, au même titre que le silex, plus connu. Depuis toujours réputée pour ses pouvoirs extraordinaires, cette pierre est notamment considérée comme sacrée dans le chamanisme.

Les Mayas en faisaient même des baguettes pour trouver les sources d'eau. Plus tard, la pierre fut gravée et sculptée pour servir d'objet décoratif ou de bijou.

VERTUS

Sur le plan physique

Le cristal de roche est un minéral aux pouvoirs très puissants. Lorsque vous ressentez une douleur quelconque, posez la pierre à l'endroit concerné et celle-ci devrait être apaisée rapidement. Il serait aussi extrêmement utile pour renforcer le système immunitaire. Attention, il ne remplacera jamais un traitement médical, mais il pourra vous soutenir en cas de maladie.

Enfin, il fortifierait le corps dans son ensemble et permettrait une meilleure santé globale.

Sur le plan mental et spirituel

Pierre essentielle à posséder lorsque l'on débute en lithothérapie, le cristal de roche serait un amplificateur d'énergie. Posé à côté d'une autre pierre, il augmenterait ses énergies.

En géode, le quartz rechargerait et purifierait les pierres posées à l'intérieur.

Enfin, il serait utile à toute personne souhaitant améliorer ses facultés de clairvoyance, de divination et sa spiritualité en général.

FLUORITE (OU FLUORINE)

CARACTÉRISTIQUES

Groupe d'appartenance : halogénure

Composition chimique : fluorure de calcium

Système cristallin : cubique

Dureté : 4

Couleurs : toutes les couleurs

Chakras associés : bleu : gorge ; vert, rose : cœur ; jaune : plexus solaire ; violet : coronal

PURIFICATION ET RECHARGEMENT

Purification par fumigation ou par trempage dans l'eau, puis rechargement à la lumière de la Lune.

ORIGINE DU NOM

Son nom est issu du latin *fluere* qui signifie « flux » en raison du fait que la fluorite facilite l'écoulement lors de la fusion de métaux.

FORMATION

Formation dans les veines hydrothermales riches en minéraux métalliques comme les sulfures de plomb et le zinc, mais également dans les granites et autres roches métamorphiques.

HISTOIRE DE LA PIERRE

On retrouve des traces de la fluorite dès l'Antiquité.

Grâce à sa beauté et ses nombreuses couleurs, elle servait d'objets d'ornement.

Les vases murrhins, d'une grande valeur encore actuellement, auraient été sculptés par les Grecs à partir de fluorite.

Avant son appellation actuelle, elle était surnommée au Moyen Âge « fleur de minerai ».

VERTUS

Sur le plan physique

La fluorite renforcerait le capital osseux : elle serait particulièrement utile pour la croissance des os mais aussi bénéfique aux personnes âgées souffrant d'ostéoporose.

Porter une fluorite sur soi aiderait également à lutter contre les allergies saisonnières et à apaiser les crises allergiques.

Enfin, cette pierre améliorerait le système veineux et la circulation sanguine.

Sur le plan mental et spirituel

La fluorite est réputée pour être la pierre idéale à poser sur son bureau ou à apporter sur son lieu de travail. Elle permettrait une pensée claire, lucide et réfléchie.

Très efficace pour améliorer la mémorisation, la concentration et l'organisation, elle serait une alliée de taille des étudiants passant des examens.

Les personnes ayant tendance à se disperser rapidement trouveraient beaucoup de bénéfices à travailler avec une fluorite à proximité. Elle les recentrerait et leur permettrait de retrouver facilement leur concentration.

GRENAT

CARACTÉRISTIQUES

Groupe d'appartenance : grenat
Composition chimique : silicate d'aluminium et de fer
Système cristallin : cubique
Dureté : 6,5 à 7,5
Couleurs : bordeaux, rouge violacé, brun, orange, rose, vert
Chakras associés : racine, sacré

PURIFICATION ET RECHARGEMENT

Purification par fumigation ou par trempage dans l'eau, puis rechargement à la lumière du Soleil.

ORIGINE DU NOM

Le grenat a été nommé ainsi par référence à la couleur rouge de la grenade, *granatum* en latin.

FORMATION

Les grenats sont des minéraux que l'on trouve dans les roches métamorphiques, mais également dans les roches magmatiques.

HISTOIRE DE LA PIERRE

Déjà du temps de l'Égypte ancienne, les pharaons utilisaient le grenat pour orner leurs bijoux.

Les Romains s'en servaient comme sceau pour sécuriser les documents importants.

Faute d'une méthode d'identification fiable, pendant de nombreuses années, le grenat a été confondu avec le rubis.

VERTUS

Sur le plan physique

Le grenat serait utile dans toutes les pathologies liées à la circulation du sang. En favorisant cette dernière, il permettrait également au cœur de se fortifier.

Placé dans une chambre à coucher, il améliorerait une libido défaillante en libérant de toutes les croyances et de tous les schémas nocifs qui pourraient générer inhibitions et/ou déséquilibres.

Les personnes épuisées physiquement retrouveraient de l'énergie grâce au grenat. Il stimulerait les glandes surrénales et permettrait de reprendre de l'élan et d'avancer sans tension nerveuse.

Sur le plan mental et spirituel

Comme beaucoup de pierres rouges, le grenat est déconseillé aux personnes sanguines ou hypertendues.

Le grenat aurait un effet stimulant. Il permettrait de voir les épreuves de la vie comme des occasions d'avancer, de grandir et de se dépasser et non plus comme des raisons de tout abandonner ou remettre en question.

C'est une pierre de force, de confiance en soi et de matérialisation. Un grenat porté sur soi donnerait l'élan pour aller au bout de ses ambitions et pour ne plus être dans la passivité.

HÉMATITE

CARACTÉRISTIQUES

Groupe d'appartenance : hématite
Composition chimique : oxyde de fer
Système cristallin : rhomboédrique
Dureté : 5 à 6
Couleurs : gris, brun, rouge, noir avec un reflet métallique
Chakras associés : racine, sacré

PURIFICATION ET RECHARGEMENT

Purification par fumigation ou par trempage dans l'eau, puis rechargement à la lumière du Soleil.

ORIGINE DU NOM

Tiré du mot latin *haematites*, lui-même venant du grec *haematitis* qui signifie « sang », car l'hématite réduite en poudre servait de pigment rouge rappelant la couleur du sang.

FORMATION

L'hématite se forme dans les roches volcaniques à haute température.

HISTOIRE DE LA PIERRE

L'hématite est une des pierres les plus anciennes. On en a retrouvé sur des sites préhistoriques : elle servait alors de pigment rouge pour les peintures rupestres.

Dans l'Égypte ancienne, l'hématite était utilisée pour confectionner des cosmétiques de couleur rouge, comme le rouge à lèvres ou encore le fard à joues. Les Égyptiens croyaient également qu'elle pouvait traiter les pathologies liées au sang.

Aujourd'hui principal minerai de fer, l'hématite sert à la production d'acier et de nombreux alliages. Elle aurait même été utilisée pour ses propriétés antiradiations. En 2004, des traces d'hématite ont été retrouvées sur la planète Mars ! C'est une découverte majeure, car cela prouve la présence d'eau à un moment donné sur cette planète, la formation de l'hématite en nécessitant absolument.

VERTUS

Sur le plan physique

L'hématite améliorerait la vitalité de manière générale et permettrait aux personnes apathiques de retrouver l'envie et la force d'avancer.

En raison de sa teneur en fer, c'est un minéral à l'effet bénéfique sur les problèmes liés au sang et à l'anémie. Posée sur le bas-ventre, elle aiderait notamment à calmer les règles douloureuses.

Elle soulagerait également les douleurs dorsales et vertébrales.

Sur le plan mental et spirituel

C'est une pierre protectrice. Elle empêcherait les mauvaises énergies de pénétrer l'aura de la personne qui la porte.

Elle favorise la consolidation de la pensée et la confiance en soi. Elle aiderait à la concentration, améliorerait la mémoire et permettrait d'être plus efficace dans son travail.

Pierre de force et de dynamisme, elle inciterait à vivre dans l'instant présent sans trop se soucier de l'avenir.

JADE

CARACTÉRISTIQUES

Groupe d'appartenance : augite

Composition chimique : silicate double d'aluminium et de sodium

Système cristallin : monoclinique

Dureté : 6,5 à 7

Couleurs : néphrite : vert pâle à vert soutenu ; **jadéite :** transparent et incolore, mais aussi vert, bleu, rose, pourpre

Chakra associé : cœur

PURIFICATION ET RECHARGEMENT

Purification par fumigation ou par trempage dans l'eau, puis rechargement à la lumière du Soleil.

ORIGINE DU NOM

Le nom « jade » provient de l'espagnol *la piedra de ijada* qui signifie « la pierre pour la fosse iliaque ».

FORMATION

Il se forme dans les roches métamorphiques d'enfouissement, de basse température et de haute pression.

Les jades verts doivent généralement leur couleur à la présence de chrome.

HISTOIRE DE LA PIERRE

Le jade était utilisé depuis des milliers d'années en Chine pour traiter les problèmes des voies urinaires, mais il n'a fait son apparition en Europe qu'au début du XVIe siècle.

En raison de sa facilité à être taillé et sa solidité, le jade était utilisé pour concevoir des armes de défense et notamment des haches, mais aussi des objets de décoration divers.

Le jade servait également aux Grecs pour ses vertus médicinales. Il était alors réputé pour soulager les douleurs.

VERTUS

Sur le plan physique

Depuis des milliers d'années, le jade est utilisé pour apaiser les problèmes rénaux et urinaires. Il aiderait notamment à éviter les cystites. Le jade aurait une action purifiante pour l'organisme dans son ensemble et éviterait l'apparition de calculs biliaires.

Enfin, cette pierre serait réputée pour améliorer l'éclat et la santé de la peau. Il est fréquemment utilisé en roll-on ou en *guas sha* sur le visage, car il favoriserait l'élasticité et la cicatrisation de l'épiderme.

Sur le plan mental et spirituel

Le jade est une pierre d'équilibre qui permettrait de ne plus être tenté par les excès. Il aurait une action équilibrante, modératrice et inciterait à réaliser toute chose en conscience.

Grâce au jade, vous vous libérerez de vos pensées parasites et limitantes, vous ruminerez moins et vous lâcherez enfin prise.

JASPE

CARACTÉRISTIQUES

Groupe d'appartenance : quartz
Composition chimique : dioxyde de silicium
Système cristallin : rhomboédrique
Dureté : 6,5 à 7
Couleurs : toutes les couleurs
Chakra associé : dépend de sa couleur

PURIFICATION ET RECHARGEMENT

Purification par fumigation ou par trempage dans l'eau, puis rechargement à la lumière du Soleil. Les pierres de jaspe de couleur verte se rechargent plutôt sous la lumière lunaire.

ORIGINE DU NOM

Du grec *iaspis* et du latin *iaspe* signifiant « pierre mouchetée ».

FORMATION

Cette pierre trouve son origine dans les milieux volcaniques ou sédimentaires.

Bien qu'il fasse partie des quartz, le jaspe n'est pas une pierre transparente à cause de la quantité de fer qui entre dans sa composition.

HISTOIRE DE LA PIERRE

Le jaspe était déjà utilisé à la Préhistoire pour fabriquer des outils ainsi que pour allumer du feu.

En Crète, des sceaux en jaspe ont été découverts lors de fouilles archéologiques.

Dans l'Antiquité, on croyait à ses vertus curatives puisque l'on pensait qu'il facilitait les accouchements et apaisait les douleurs menstruelles.

Plus tard, on a taillé et sculpté cette pierre pour en faire de magnifiques bijoux aux couleurs vives et variées.

VERTUS

Sur le plan physique

Les jaspes revitaliseraient le corps et l'organisme dans son ensemble. Ils permettraient de retrouver de l'énergie et de l'entrain.

Cette pierre aurait un effet bénéfique sur le système digestif et régulerait les fonctions hépatiques.

Enfin, le jaspe rouge faciliterait les accouchements, et améliorerait la vitalité sexuelle masculine.

Sur le plan mental et spirituel

Les jaspes, dans leur ensemble, sont de puissantes pierres stabilisantes et équilibrantes. Elles permettraient de ne plus se laisser envahir par ses émotions. En fournissant un ancrage solide, le jaspe aiderait à garder les pieds sur terre. Enfin, cette pierre serait également réputée pour ses vertus protectrices en éloignant les énergies négatives.

Précision

Lorsque l'on parle de jaspe, on parle d'une famille et non d'une pierre en particulier. Il existe de nombreux jaspes différents comme le jaspe mokaïte, le jaspe polychrome, le jaspe héliotrope, etc.

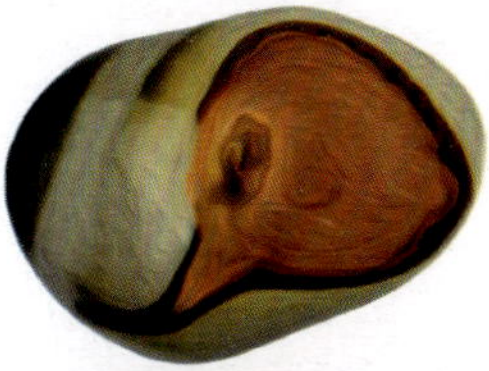

LABRADORITE

CARACTÉRISTIQUES

Groupe d'appartenance : feldspath

Composition chimique : aluminosilicate de sodium et de calcium

Système cristallin : triclinique

Dureté : 6 à 6,5

Couleurs : blanc à gris très foncé tirant même sur le vert, avec des reflets

Chakra associé : 3e œil

PURIFICATION ET RECHARGEMENT

Purification par fumigation ou par trempage dans l'eau, puis rechargement à la lumière de la Lune ou du Soleil.

ORIGINE DU NOM

La labradorite tient son nom de la région canadienne du Labrador, où elle a été découverte.

FORMATION

La labradorite se forme dans les roches ignées, métamorphiques et sédimentaires. Elle se retrouve principalement dans le basalte et le gabbro.

La pierre se forme en couches minces empilées qui absorbent ou réfléchissent la lumière et nous la renvoient en différentes couleurs.

HISTOIRE DE LA PIERRE

Selon certaines croyances, en frappant une labradorite avec une lance, un guerrier aurait fait apparaître les aurores boréales.

La labradorite représente les aurores boréales enfermées dans la roche et contiendrait l'âme de leurs ancêtres.

VERTUS

Sur le plan physique

La labradorite agirait contre la fatigue, qu'elle soit physique ou mentale.

Elle aiderait également à retrouver la santé plus rapidement lors d'une convalescence.

Enfin, elle soulagerait les migraines, surtout celles de type ophtalmique.

Sur le plan mental et spirituel

La labradorite est appelée « pierres des soignants ». Elle serait très utile aux thérapeutes qui reçoivent des patients accumulant parfois des énergies assez lourdes. Une personne empathique aura tendance à absorber une partie de ces énergies et sera continuellement fatiguée, autant physiquement que moralement. C'est là que la labradorite entre en jeu : elle agirait comme une éponge pour absorber à votre place ces mauvaises énergies.

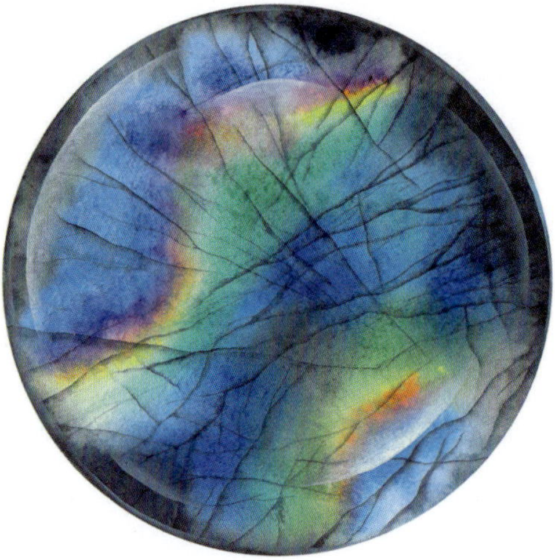

LAPIS-LAZULI

CARACTÉRISTIQUES

Groupe d'appartenance : feldspath

Composition chimique : silicate soufré d'aluminium et de sodium

Système cristallin : cubique

Dureté : 5 à 6

Couleurs : bleu clair à bleu foncé avec des lignes grises et/ou blanches.

Chakras associés : gorge, 3e œil

PURIFICATION ET RECHARGEMENT

Purification par fumigation ou par trempage dans l'eau, puis rechargement à la lumière de la Lune.

ORIGINE DU NOM

Du latin, *lapis* qui signifie « pierre » et de l'arabe *azul* qui veut dire « bleu ».

FORMATION

Sa formation est provoquée par les modifications de température et de pression dans des calcaires impurs entrés en contact avec des intrusions granitiques. La couleur bleue est donnée par la lazurite, minéral faisant partie du lapis-lazuli. D'autres minéraux peuvent d'ailleurs le composer, comme la pyrite, la calcite, la sodalite, le diopside...

HISTOIRE DE LA PIERRE

Depuis plus de 6 000 ans, on retrouve le lapis-lazuli dans les bijoux, les objets de décoration, les peintures…

D'une grande valeur, le lapis-lazuli a été pendant une période plus coûteux que l'or. Durant l'époque égyptienne, cette pierre était utilisée comme ornement. Symbole de la puissance divine, on la trouvera même sur le sarcophage de Toutankhamon.

Broyée en poudre, elle servait de pigment pour les peintures, mais sera remplacée par un bleu de synthèse, moins onéreux, dès le XIXe siècle. On retrouve d'ailleurs de la peinture bleue provenant de lapis-lazuli sur le plafond de la chapelle Sixtine.

VERTUS

Sur le plan physique

Le lapis-lazuli est réputé pour apaiser les migraines. Posez la pierre directement sur votre front pour en ressentir les effets.

Il aurait également des bienfaits sur les troubles ORL et plus particulièrement sur tout ce qui concerne la gorge : angine, problèmes de cordes vocales…

Pierre d'équilibre et de régulation, elle permettrait de retrouver une bonne condition physique et aurait un effet stimulant sur le corps.

Sur le plan mental et spirituel

Le lapis-lazuli est une pierre très puissante qui développerait les facultés de clairvoyance. Elle élèverait l'âme tout en apaisant l'esprit et en aiguisant l'intuition. Avec elle, vous pourrez plus facilement vous remémorer vos rêves et les analyser.

Elle aiguiserait la pensée et la structurerait. Elle aviverait l'intelligence et la finesse d'esprit. Elle permettrait d'être plus efficace et de trouver une organisation plus adaptée. Le lapis-lazuli est également réputé pour son action calmante et apaisante : cette pierre serait particulièrement recommandée aux personnes anxieuses et stressées qui souhaiteraient retrouver de la sérénité dans leur quotidien.

Comme beaucoup de pierres bleues, le lapis-lazuli libèrerait les blocages liés à la communication et aux non-dits.

LÉPIDOLITE

CARACTÉRISTIQUES

Groupe d'appartenance : micas

Composition chimique : aluminosilicate hydroxylé fluoré de potassium et de lithium

Système cristallin : monoclinique

Dureté : 2,5 à 3,5

Couleurs : rose à violet foncé

Chakra associé : 3e œil

PURIFICATION ET RECHARGEMENT

Purification par fumigation ou par trempage dans l'eau, puis rechargement à la lumière du Soleil.

ORIGINE DU NOM

Issu du grec *lépidos* signifiant « écaille ». En effet, le lépidolite se forme en lamelles pouvant ressembler à des écailles.

FORMATION

On trouve le lépidolite dans des roches magmatiques comme la pegmatite ainsi que dans des roches plutoniques.

Sa couleur vient du manganèse.

HISTOIRE DE LA PIERRE

Peu d'informations circulent sur une utilisation ancienne du lépidolite. De nos jours, on exploite le lithium que contient cette pierre dans la fabrication des batteries et accessoires électroniques, ainsi que pour la mise au point de traitements contre les troubles mentaux.

VERTUS

Sur le plan physique

Grâce à sa teneur en lithium, le lépidolite est utilisé pour lutter contre les troubles de l'humeur, la tristesse, l'angoisse et les phobies.

Cette pierre aurait un effet apaisant lorsque ces états sont chroniques.

Il serait également bénéfique aux personnes ayant des addictions et qui souhaiteraient s'en libérer.

Enfin, cette pierre aurait une action sur la peau et sa sensibilité.

Sur le plan mental et spirituel

Le lépidolite apporterait une plus grande confiance en soi, il permettrait de s'affirmer avec douceur et d'éviter les conflits.

Portée sur soi, cette pierre apaiserait les pensées parasites ainsi que le stress et permettrait de se sentir beaucoup mieux au quotidien.

Elle favoriserait également une meilleure concentration et harmoniserait les énergies.

MALACHITE

CARACTÉRISTIQUES

Groupe d'appartenance : hydrocarbonate
Composition chimique : carbonate hydroxylé de cuivre
Système cristallin : monoclinique
Dureté : 3,5 à 4
Couleurs : vert clair à vert soutenu avec des motifs concentriques
Chakra associé : cœur

PURIFICATION ET RECHARGEMENT

Ne pas purifier dans l'eau. Purification par le sel (de façon indirecte), enfouissement ou fumigation. La malachite se recharge à la lumière du Soleil.

ORIGINE DU NOM

Provient du latin *malachites* signifiant « à travers » et du grec ancien *malakhé* signifiant « mauve ». En effet, la couleur des feuilles de la plante de ce nom rappellerait celle de la pierre.

FORMATION

La malachite se forme lorsque des minéraux de cuivre rencontrent des eaux riches en carbonates.

Sa couleur est donnée par le cuivre qui la compose.

HISTOIRE DE LA PIERRE

On trouve des traces de malachite dès l'Antiquité.

La pierre avait alors plusieurs usages. Elle était broyée pour être utilisée comme pigment, mais aussi comme produit cosmétique, et était également employée en médecine pour ses propriétés curatives. En effet, elle favoriserait la cicatrisation des plaies et protègerait les grossesses.

Les Romains s'en servaient également de talisman contre la colère de Zeus et s'en munissaient les jours de tonnerre.

Au château de Versailles, il existe une salle appelée « salle des malachites » décorée avec des objets en malachite offerts à Napoléon par le tsar Alexandre Iᵉʳ.

VERTUS

Sur le plan physique

La malachite est connue depuis l'Antiquité pour ses effets anti-inflammatoires et antidouleur. Elle est fréquemment utilisée, car elle apaiserait les douleurs menstruelles.

Elle aurait également des vertus énergisantes. Si vous ressentez un coup de fatigue, munissez-vous d'une malachite pour retrouver de la vitalité.

Sur le plan mental et spirituel

Si vous vous sentez entourés d'énergies négatives qui vous épuisent et vous minent le moral, la malachite vous sera très utile. Elle aurait en effet la capacité d'absorber les énergies négatives et d'amplifier les énergies positives.

Elle permettrait aussi de développer la confiance en soi et l'assurance.

Reliée au chakra du cœur, la malachite aurait la propriété d'harmoniser les relations avec les autres.

OBSIDIENNE

CARACTÉRISTIQUES

Groupe d'appartenance : roche magmatique

Composition chimique : 70 % à 75 % de dioxyde de silicium + oxyde de magnésium + oxyde de fer

Système cristallin : amorphe

Dureté : 5 à 5,5

Couleurs : noir à vert foncé en passant par l'acajou

Chakra associé : racine

PURIFICATION ET RECHARGEMENT

Purification par fumigation ou par trempage dans l'eau, puis rechargement à la lumière du Soleil.

ORIGINE DU NOM

Vient du latin *obsidianus* donné en l'honneur d'Obsius, un Romain qui aurait été le premier à découvrir cette roche en Éthiopie.

FORMATION

L'obsidienne est un verre volcanique naturel apparaissant lorsque les laves acides et riches en silice se solidifient. Au moment où le magma refroidit, s'il était visqueux et riche en gaz, il ne peut s'échapper et rester dans la roche. La cristallisation étant ainsi inhibée, l'obsidienne peut alors se former.

HISTOIRE DE LA PIERRE

Très tranchante, l'obsidienne servait à confectionner des outils et des armes durant la Préhistoire.

Les Égyptiens s'en servaient également pour inciser les cadavres lors des rituels d'embaumement.

VERTUS

Sur le plan physique

L'obsidienne aurait la faculté de soulager les douleurs, notamment les musculaires et articulaires.

Elle aurait également des vertus détoxifiantes et aurait des bienfaits sur le système digestif. Elle apaiserait ainsi les crampes et douleurs gastriques.

Du fait de sa composition magmatique, elle réchaufferait et serait idéale pour les personnes très frileuses.

Sur le plan mental et spirituel

L'obsidienne permettrait de dévoiler les causes de vos blocages émotionnels, ceux que vous aviez enfouis profondément et qui vous entravent. Elle agirait comme un révélateur de ce qui vous empêcherait d'aller de l'avant. Son rôle est de mettre en lumière, et parfois cela n'est pas très confortable pour la personne qui travaille avec elle.

C'est également une pierre recommandée pour lâcher prise si vous êtes toujours tourmenté par un ancien amour.

Évidemment, c'est une excellente pierre de protection : une sorte de bouclier contre les énergies négatives.

ŒIL-DE-TIGRE

CARACTÉRISTIQUES

Groupe d'appartenance : quartz
Composition chimique : dioxyde de silicium
Système cristallin : rhomboédrique
Dureté : 7
Couleurs : brun, jaune doré
Chakra associé : plexus solaire

PURIFICATION ET RECHARGEMENT

Purification par fumigation ou par trempage dans l'eau, puis rechargement à la lumière du Soleil.

ORIGINE DU NOM

Elle tire son nom du latin *oculus* qui veut dire « œil » et de *tigris* qui signifie « tigre » grâce à sa ressemblance avec les yeux d'un tigre.

FORMATION

L'œil-de-tigre provient de la crocidolite, appelée « amiante bleu », qui lui donne sa texture fibreuse. Ces cristaux se décomposent en oxyde de fer et sont remplacés par des cristaux de silice.

Ce sont les traces de résidus de fer qui confèrent sa couleur à l'œil-de-tigre.

HISTOIRE DE LA PIERRE

Elle était utilisée par les soldats sous l'Empire romain pour se protéger lors des combats et accentuer leur courage.

Elle est ensuite portée au Moyen Âge comme un talisman pour éloigner le mauvais œil.

Au début du XIXe siècle, des gisements sont découverts en Afrique du Sud. Elle sera prise au départ pour une pierre précieuse et sera vendue à prix d'or. Puis, des lapidaires reconnaissant l'œil-de-tigre et constatant son abondance, elle est alors déclassée en tant que pierre fine.

VERTUS

Sur le plan physique

L'œil-de-tigre agirait sur la sphère gastrique en facilitant la digestion, notamment quand l'inconfort est dû au stress et à l'anxiété.

Cette pierre vous permettrait également de mieux résister à la fatigue mentale. Elle soulagerait aussi les douleurs articulaires.

Sur le plan mental et spirituel

L'œil-de-tigre est une des pierres de protection les plus réputées. Elle agirait contre le mauvais œil et la jalousie pouvant avoir des conséquences négatives dans votre vie. Elle ferait barrage contre les mauvais sorts et les énergies néfastes que l'on essaierait de diriger contre vous.

Mais au-delà d'être une pierre de protection très efficace, l'œil-de-tigre serait aussi connu pour redonner de la confiance en soi et permettrait d'arrêter de se comparer constamment aux autres. Elle aiderait à prendre conscience de sa vraie valeur, et à arrêter de se dénigrer.

L'œil-de-tigre aiderait à ignorer la critique et à atteindre votre plein potentiel. Avec elle, vous ne verrez plus uniquement vos défauts, vous ouvrirez les yeux sur vos qualités ! Cette pierre apporterait réussite et motivation. Elle vous aiderait à réaliser vos projets les plus fous et à retrouver confiance en vous et en vos facultés.

OPALE

CARACTÉRISTIQUES

Groupe d'appartenance : opale

Composition chimique : dioxyde hydraté de silicium ou hydroxyde de silicium

Système cristallin : amorphe

Dureté : 5,5 à 6,5

Couleurs : toutes les couleurs

Chakra associé : dépend de sa couleur

PURIFICATION ET RECHARGEMENT

Purification par fumigation ou par trempage dans l'eau, puis rechargement à la lumière de la Lune.

ORIGINE DU NOM

L'origine du nom est incertaine. Il peut venir du sanskrit *upala* signifiant « pierre précieuse », ou du latin *opalus* et du grec *opallios* signifiant « pour voir un changement de couleur ».

FORMATION

L'opale se forme à basse température dans les eaux contenant beaucoup de silice et plutôt en milieu sédimentaire ou volcanique.

Elle contiendrait généralement entre 4 % et 10 % d'eau.

HISTOIRE DE LA PIERRE

L'histoire de l'opale est remplie de légendes diverses et variées.

Les Grecs, par exemple, pensaient que posséder une opale donnait des pouvoirs de divination.

Les peuples arabes croyaient que cette pierre contenait des éclairs restés enfermés à l'intérieur.

Les Indiens, quant à eux, pensaient que la déesse de l'arc-en-ciel se serait transformée en opale pour échapper aux nombreux prétendants qui la courtisaient à cause de sa grande beauté.

Toutefois, au XIXe siècle, on considérait ce cristal comme un porte-malheur à cause du roman de sir Walter Scott, *Anne de Geierstein ou la fille des brumes*. L'écrivain y raconte l'histoire de lady Hermione, accusée de sorcellerie. Elle meurt après que son opale a reçu des gouttes d'eau bénite.

VERTUS

Sur le plan physique

L'opale permettrait une meilleure qualité de sommeil. Grâce à son effet apaisant, l'endormissement est plus rapide et les rêves sont sereins. Elle soutiendrait la circulation lymphatique et diminuerait ainsi les œdèmes. Liée à la féminité et à la maternité, elle calmerait les douleurs menstruelles et favoriserait la lactation pour les femmes qui viendraient d'accoucher.

Sur le plan mental et spirituel

L'opale stimulerait la créativité et l'imagination. Si sa couleur est vive, elle permettrait de retrouver de l'énergie et de la vitalité.

Si l'opale est rose, elle donnerait plus de vigueur aux sentiments amoureux. Elle serait bénéfique aux relations de couple, en favorisant la communication et le dialogue et en apportant beaucoup de tendresse.

Cette pierre serait aussi connue pour renforcer les émotions de son porteur.

Si vous vous sentez triste, évitez de la garder sur vous. En revanche, si vous êtes joyeux et enthousiaste, c'est le bon moment !

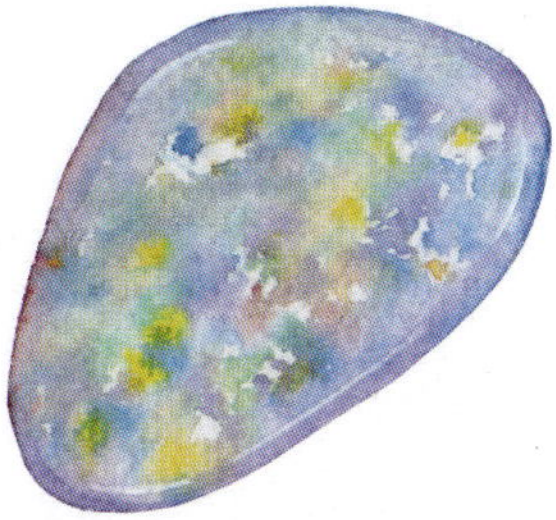

PIERRE DE LUNE

CARACTÉRISTIQUES

Groupe d'appartenance : feldspath

Composition chimique : aluminosilicate de potassium et de sodium

Système cristallin : monoclinique

Dureté : 6 à 6,5

Couleurs : incolore, blanc, beige, brun, orange, rose saumoné, vert

Chakra associé : sacré

PURIFICATION ET RECHARGEMENT

Purification par fumigation ou par trempage dans l'eau, puis rechargement à la lumière de la Lune.

ORIGINE DU NOM

Son nom provient de la ressemblance de sa couleur blanche avec celle de la Lune. Appelée aussi hécatolite au début du XIXe siècle en référence à la déesse grecque Hécate, l'une des trois déesses lunaires.

FORMATION

La pierre de lune est en fait un mélange de deux espèces de feldspaths, l'orthose et l'albite, qui s'entremêlent. Lors du refroidissement, ces deux espèces se séparent par couches qui s'empilent à leur tour.

HISTOIRE DE LA PIERRE

La pierre de lune a toujours été associée au féminin et à la fertilité.

Dans l'Égypte ancienne, on attribuait le pouvoir de protéger tout voyageur de nuit qui la possédait.

Les Grecs, eux, s'en servaient pour préserver les grossesses.

À l'époque, certains pensaient également qu'elle pouvait indiquer les phases lunaires en fonction de la variation de ses couleurs.

VERTUS

Sur le plan physique

C'est la pierre à posséder si vous souffrez de problèmes hormonaux et particulièrement pour les femmes subissant les effets secondaires de la ménopause.

Elle est bien sûr connue depuis des siècles pour améliorer la fécondité. Elle vous sera d'une grande utilité si vous essayez d'avoir un enfant.

Elle favoriserait la montée de lait et protégerait les accouchements. Elle préserverait du baby blues.

Elle serait efficace contre les troubles liés au déséquilibre de la thyroïde.

Sur le plan mental et spirituel

La pierre de lune résoudrait les problématiques liées à l'enfance et libérerait des blocages émotionnels les plus anciens. Son action est douce, elle vous fera travailler sur vous-même sans que vous vous en aperceviez.

Elle serait aussi tout à fait recommandée pour accompagner les couples dans leur quotidien et les aider à retrouver le bonheur conjugal. Elle libérerait des tabous concernant la sexualité et permettrait de profiter d'une vie intime plus épanouissante.

Pierre liée au yin (force plutôt passive et calme, liée au féminin) par excellence, elle pourrait contrebalancer un tempérament trop yang (force active et énergique liée au masculin).

PIERRE DE SOLEIL

CARACTÉRISTIQUES

Groupe d'appartenance : feldspath

Composition chimique : aluminosilicate de sodium et de calcium

Système cristallin : triclinique

Dureté : 6 à 6,5

Couleurs : orange, beige, parfois brun, avec des paillettes

Chakra associé : plexus solaire

PURIFICATION ET RECHARGEMENT

Purification par fumigation ou par trempage dans l'eau, puis rechargement à la lumière du Soleil.

ORIGINE DU NOM

Le nom provient de sa ressemblance avec l'astre solaire. Appelée aussi héliolite en rapport avec le dieu du Soleil, Élios.

FORMATION

La pierre de soleil se forme dans les roches métamorphiques et magmatiques.

Les paillettes que l'on trouve dans cette pierre proviennent d'inclusions de cuivre, d'hématite ou de goethite qui reflètent la lumière et donnent cet effet scintillant appelé aventurescence.

HISTOIRE DE LA PIERRE

De nombreuses croyances existent depuis des siècles au sujet de la pierre de soleil. Dans la Grèce antique, on pensait qu'elle était l'incarnation du dieu du Soleil, Élios.

Les Vikings, quant à eux, présumaient qu'à leur décès cette pierre ouvrirait les portes d'Asgard, le royaume des dieux, à quiconque la possèderait.

Enfin, selon les Amérindiens, un guerrier aurait versé son sang dessus lors d'un combat, ce qui en faisait une pierre très puissante et vénérée.

VERTUS

Sur le plan physique

Cette pierre réactiverait la libido. Elle lutterait contre les troubles sexuels, qu'ils soient féminins ou masculins.

Elle viendrait en soutien du système digestif et favoriserait un bon transit intestinal.

Enfin, c'est une pierre qui aurait des bienfaits sur le corps dans sa globalité, puisqu'elle boosterait les défenses immunitaires.

Sur le plan mental et spirituel

C'est une pierre de gaieté et de joie de vivre. Elle redonnerait le sourire aux personnes les plus tristes.

Elle serait aussi une alliée de choix pour les personnes les plus timides et réservées. Elle leur permettrait d'aller plus facilement vers les autres.

C'est une pierre d'amitié qui favoriserait la vie sociale et les rencontres en chassant les complexes.

QUARTZ ROSE

CARACTÉRISTIQUES

Groupe d'appartenance : quartz

Composition chimique : dioxyde de silicium

Système cristallin : rhomboédrique

Dureté : 7

Couleurs : rose pâle à rose foncé

Chakra associé : cœur

PURIFICATION ET RECHARGEMENT

Purification par fumigation ou par trempage dans l'eau, puis rechargement à la lumière du Soleil levant ou de la Lune.

ORIGINE DU NOM

Cette pierre tient son nom de sa couleur rose.

FORMATION

Le quartz rose se forme dans les roches magmatiques et parfois dans les veines hydrothermales.

HISTOIRE DE LA PIERRE

Selon la mythologie grecque, le quartz rose est issu du sang d'Aphrodite quand cette dernière, pour défendre son amant Adonis d'un sanglier envoyé par Arès pour le tuer, se blessa dans des ronces. Son sang mélangé à celui d'Adonis créa le quartz rose, symbole de l'amour.

En Égypte, il y a des milliers d'années, il était réduit en poudre et utilisé pour prévenir les rides et améliorer l'aspect de la peau.

Enfin, chez les Indiens, cette pierre est profondément liée à la maternité.

VERTUS

Sur le plan physique

Le quartz rose est réputé bénéfique aux poumons et plus généralement aux voies respiratoires.

Il stimulerait la circulation sanguine et fortifierait le cœur.

En cas de brûlure, le quartz rose pourrait vous aider à calmer la douleur et à éviter la formation de cloques.

Dans une chambre, il améliorerait la qualité du sommeil. C'est une pierre qui fonctionne très bien sur les enfants, qu'elle apaise.

Sur le plan mental et spirituel

Le quartz rose est la pierre apaisante par excellence. Je le compare souvent à un cocon protecteur, au câlin d'une maman. C'est une pierre de paix intérieure.

Elle accentuerait les sentiments d'amour, que ce soit envers les autres ou envers soi. Avec un quartz rose, vous apprendrez à être plus indulgent envers vous-même et à vous accepter tel que vous êtes.

Enfin, cette pierre vous permettrait de lutter contre le baby blues et contre tout blocage émotionnel.

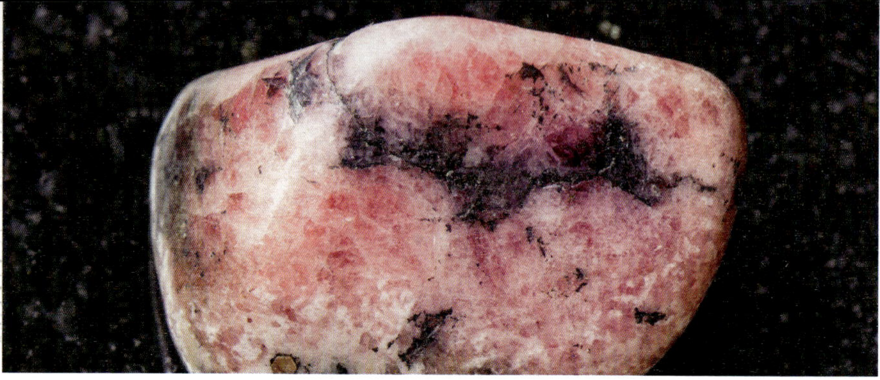

RHODONITE

CARACTÉRISTIQUES

Groupe d'appartenance : rhodonite

Composition chimique : silicate de manganèse et de calcium

Système cristallin : triclinique

Dureté : 5,5 à 6,5

Couleurs : rose clair à rouge, avec inclusions noires

Chakra associé : cœur

PURIFICATION ET RECHARGEMENT

Purification par fumigation ou par trempage dans l'eau, puis rechargement à la lumière du Soleil.

ORIGINE DU NOM

Le nom de la rhodonite provient du mot grec *rhodon* qui signifie « rose », en référence à sa couleur.

FORMATION

La rhodonite se forme dans les dépôts de manganèse provenant de contact hydrothermal et de métamorphisme.

HISTOIRE DE LA PIERRE

Dans l'Antiquité, la rhodonite était offerte en cadeau pour symboliser l'amitié.

En Russie, elle servait d'élément de décoration. Il est encore possible d'en admirer dans les musées et dans le palais de Saint-Pétersbourg. Le tsar Alexandre II, empereur de la fin du XIXe siècle, a fait construire en rhodonite l'intégralité de la dalle du tombeau de son épouse, qui adorait cette pierre. Il a fallu quinze ans pour achever ce travail.

VERTUS

Sur le plan physique

La rhodonite renforcerait le système immunitaire dans son ensemble. Elle régulerait le rythme cardiaque et agirait sur toutes les conséquences du stress et notamment sur les troubles de la digestion et de l'élimination.

Elle soulagerait les douleurs articulaires et favoriserait une bonne circulation sanguine, prévenant ainsi l'apparition de caillots sanguins.

Sur le plan mental et spirituel

La rhodonite est une pierre de secours contre les montées de panique et les crises d'angoisse. Si vous êtes sujet à ces manifestations, conservez-en une sur vous afin de les laisser s'estomper progressivement.

Par sa douceur, c'est également un minéral qui protégerait de la jalousie excessive et du manque de confiance dans les relations amoureuses. Il encouragerait l'expression des sentiments.

SÉLÉNITE

CARACTÉRISTIQUES

Groupe d'appartenance : gypse
Composition chimique : hydrosulfate de calcium
Système cristallin : monoclinique
Dureté : 2
Couleurs : essentiellement blanc transparent à orange
Chakra associé : coronal

PURIFICATION ET RECHARGEMENT

Se nettoie par fumigation et se recharge à la lumière de la Lune. N'utilisez surtout pas d'eau pour la sélénite afin d'éviter sa dégradation.

ORIGINE DU NOM

Son nom viendrait à l'origine du mot grec *selenitis*, qui signifie « pierre de lune », en raison de son éclat comparable à celle-ci. Il est également possible d'établir un lien avec la déesse de la Lune dans la mythologie grecque qui porte le nom de Séléné.

FORMATION

La sélénite se forme dans des dépôts rocheux salins autour des sources chaudes et dans les lits d'argile.

HISTOIRE DE LA PIERRE

Selon Pline l'Ancien, la sélénite était utilisée comme vitre dans les temps anciens où la conception du verre n'était pas encore maîtrisée. Des tablettes de sélénite et de plomb datant de l'an 200 ou de l'an 300 ont également été trouvées sur l'île de Chypre. Elles contenaient des invocations à des divinités appelant à la justice et aux malédictions. En Italie, à Bologne notamment, vers le Ve siècle, des murs de sélénite ont été érigés autour de la ville pour la protéger.

VERTUS

Sur le plan physique

La sélénite est une pierre d'une grande douceur. Elle apaiserait les esprits préoccupés et favoriserait ainsi un sommeil de qualité avec un endormissement plus rapide. Elle serait également parfaite dans une chambre d'enfant.

Ce cristal aiderait à bien vivre sa grossesse et permettrait notamment un accouchement en douceur.

La sélénite serait utile pour soulager les douleurs, qu'elles soient articulaires ou musculaires.

Enfin, elle permettrait, en douceur, de retrouver sa libido et de vivre une sexualité épanouie.

Sur le plan mental et spirituel

La sélénite est une pierre aux vibrations très douces et délicates. Elle apporterait paix et sérénité.

Elle serait une grande alliée des méditations en vous permettant de calmer votre mental.

Elle aurait également des vertus protectrices, notamment des lieux de vie.

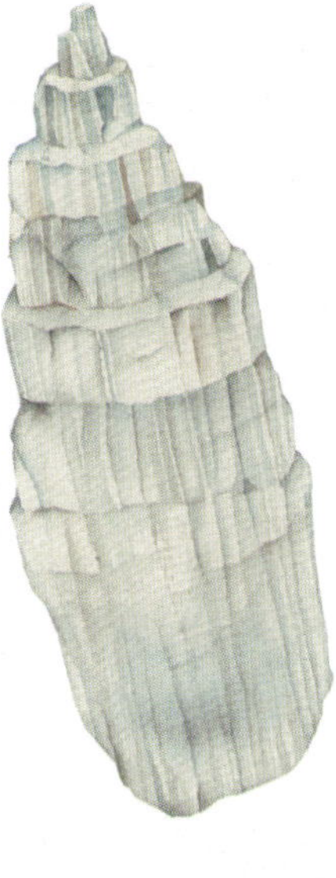

SODALITE

CARACTÉRISTIQUES

Groupe d'appartenance : sodalite

Composition chimique : silicate d'aluminium et de sodium avec chlore

Système cristallin : cubique

Dureté : 5,5 à 6

Couleurs : nombreuses nuances de bleu avec généralement des lignes blanches

Chakras associés : gorge, 3e œil

PURIFICATION ET RECHARGEMENT

Purification par fumigation ou par trempage dans l'eau, puis rechargement à la lumière de la Lune.

ORIGINE DU NOM

Le nom sodalite est tiré du grec *soda* qui signifie « sodium », et *lithos* qui signifie « pierre ». Le mot « sodalite » veut donc dire « pierre de sodium » en allusion à sa composition chimique.

FORMATION

La sodalite se forme dans des roches plutoniques, mais également dans des roches calcaires pauvres en silice ainsi que dans des roches volcaniques.

HISTOIRE DE LA PIERRE

Le minéralogiste écossais Thomas Thomson décrivit la pierre pour la première fois en 1810 grâce à des fragments provenant du Groenland.

Pourtant, avant lui, d'autres civilisations avaient utilisé la sodalite sans pour autant la nommer. On en a retrouvé des fragments dans des offrandes sur des sites archéologiques péruviens datant de 2 000 avant Jésus-Christ.

VERTUS

Sur le plan physique

La sodalite favoriserait la croissance des os et aiderait à fixer le calcium dans l'organisme.

C'est une pierre idéale pour accompagner un enfant ou un nouveau-né.

Elle serait également réputée pour réduire l'hypertension artérielle.

Sur le plan mental et spirituel

Cette belle pierre bleue est parfaite pour accompagner les personnes hypersensibles et hyperémotives. Elle leur permettrait de mieux gérer leurs émotions et de prendre plus de recul sur les affaires qui les préoccupent. Les empathes sont de véritables éponges émotionnelles, la sodalite les aiderait à se protéger et à moins en souffrir.

C'est également une pierre réputée pour lutter contre les angoisses et les crises de panique. Elle aurait un effet apaisant et vous encouragerait à vous sentir plus fort et à la hauteur dans toutes les situations où la peur aurait habituellement pris le dessus.

TOURMALINE

CARACTÉRISTIQUES

Groupe d'appartenance : tourmaline
Composition chimique : silicate d'aluminium de formule complexe
Système cristallin : rhomboédrique
Dureté : 7 à 7,5
Couleurs : noir, bleu, vert, rouge, rose, marron, multicolore
Chakra associé : dépend de sa couleur

PURIFICATION ET RECHARGEMENT

Purification par fumigation ou par trempage dans l'eau, puis rechargement à la lumière du Soleil.

ORIGINE DU NOM

Issu du mot *turmali*, qui signifie en singhalais* « pierre multicolore ».

FORMATION

La tourmaline cristallise dans les filons hydrothermaux ou dans les roches métamorphiques.

---

* Langue officielle du Sri Lanka.

HISTOIRE DE LA PIERRE

Découverte pour la première fois en 300 avant Jésus-Christ.

Le scientifique Théophraste a remarqué qu'en chauffant, la tourmaline avait la capacité d'attirer des petits éléments métalliques.

Les chamans utilisaient la tourmaline noire pour se protéger des forces négatives.

En Chine, l'impératrice douairière Tzu Hsi était une si grande admiratrice de la tourmaline rose qu'elle achetait tout ce que la mine Stewart à San Diego aux États-Unis produisait pour le ramener en Chine.

VERTUS

Sur le plan physique

Avant tout, la tourmaline est réputée pour protéger des ondes électromagnétiques. Elle débarrasserait le corps de ses toxines et équilibrerait le système endocrinien.

Ce cristal aurait des effets antalgiques et relaxants et serait utile pour les douleurs osseuses et musculaires.

Sur le plan mental et spirituel

C'est une pierre d'ancrage et de recentrage. Elle vous permettrait de revenir à la réalité et au concret.

Elle débarrasserait des énergies négatives pour purifier les lieux en profondeur. Elle apaiserait et stabiliserait les émotions pour ramener à un état de paix

PARTIE 4

POUR ALLER PLUS LOIN...

LA MÉTHODE *SLOW* LITHO

Après plusieurs années d'expérience, de conseils et de pratique de la lithothérapie, j'ai observé plusieurs erreurs communes faites par mes clients, la plus fréquente étant la tendance à cumuler les pierres dans l'espoir d'obtenir des résultats plus rapides ou plus puissants.

J'ai constaté que cette approche peut souvent conduire à une dispersion des énergies et à une confusion quant aux effets réels de chaque pierre. Les clients peuvent parfois effectivement observer des changements mais sans savoir réellement quelle pierre est en train d'agir.

C'est cette observation qui m'a poussée à créer la méthode *slow* litho, mettant l'accent sur la simplicité et la profondeur d'une pratique focalisée sur une seule pierre à la fois. En adoptant cette approche, vous pouvez réellement vous connecter de manière significative avec chaque pierre, explorer sa portée et découvrir comment elle résonne spécifiquement avec votre être.

LES PRINCIPES DE LA MÉTHODE *SLOW* LITHO

Plongez dans l'univers de la lithothérapie d'une manière totalement nouvelle avec la méthode *slow* litho. Cette approche consiste à ne porter qu'une seule pierre pendant plusieurs jours, offrant ainsi une expérience de connexion profonde et personnelle avec les énergies de chaque cristal.

La méthode *slow* litho repose sur le principe que chaque pierre possède des propriétés uniques qui peuvent influencer notre bien-être physique, émotionnel et spirituel. En se concentrant sur une seule pierre à la fois, nous pouvons véritablement explorer et apprécier les bienfaits spécifiques qu'elle peut apporter et découvrir précisément quels sont ses effets sur nous.

CHOISIR LA PIERRE

Lorsque vous choisissez une pierre pour votre pratique *slow* litho, laissez votre intuition guider votre sélection. Sélectionnez une pierre qui résonne avec vous, que ce soit pour ses couleurs, ses motifs, ou son énergie. Vous pouvez également vous référer à des ressources sur la lithothérapie pour en apprendre davantage sur les propriétés de chaque pierre et choisir celle qui correspond le mieux à vos besoins actuels.

PORTER LA PIERRE PENDANT CINQ JOURS MINIMUM

Une fois que vous avez choisi votre pierre, gardez-la sur vous vous en la portant sous forme de bijou (bracelet ou pendentif de taille suffisamment importante pour en ressentir les effets), pierre roulée ou galet par exemple, ou en la gardant à proximité sur votre bureau ou dans votre espace de méditation pendant cinq jours minimum, temps nécessaire pour constater des changements dans votre quotidien et pouvoir faire un bilan personnalisé des effets qu'a cette pierre sur vous.

CONSIGNER LES EFFETS CHAQUE SOIR DANS SON CARNET DE PRATIQUE

La méthode *slow* litho vous invite à vous engager pleinement dans cette expérience.

Chaque soir, prenez des notes dans votre carnet, enregistrez vos impressions, vos émotions, vos réflexions et vos observations. Que ce soit des effets ressentis sur le plan mental ou physique, des rencontres que vous avez faites, des idées que vous avez eues.

Notez tout, même ce que vous pensez n'avoir aucun rapport avec le fait de porter votre pierre. Vous pourriez être surpris de constater comment une seule pierre peut influencer votre énergie, votre humeur ou même votre perception de vous-même et du monde qui vous entoure.

LE BILAN

À la fin des cinq jours : faites un bilan de tout ce que vous avez constaté. Vous connaîtrez ainsi exactement quels sont les effets que cette pierre a sur vous.

Faites cet exercice régulièrement avec les cristaux que vous souhaitez découvrir en profondeur et enrichissez votre carnet de pratique pour en faire un outil puissant et personnel dans lequel vous aurez plaisir à revenir.

MON CONSEIL

N'hésitez pas à embellir au maximum ce carnet en suivant les recommandations qui vous sont données dans les autres chapitres. Cela ne pourra qu'augmenter votre envie d'utiliser cet outil dans votre pratique quotidienne.

Une exception cependant

Le cristal de roche ayant une énergie neutre et amplificatrice, il peut être porté avec la pierre que vous aurez choisi d'expérimenter car il ne modifiera pas ses vertus mais les accentuera simplement.

En prenant le temps d'explorer une pierre à la fois, la méthode *slow* litho permet de cultiver une relation intime avec les cristaux. Cela vous offre également l'opportunité de développer une compréhension approfondie de leurs propriétés et de leur potentiel thérapeutique.

La méthode *slow* litho vous invite à ralentir, à vous immerger pleinement dans l'énergie des pierres et à découvrir les subtilités de leur influence sur vous.

Ouvrez-vous à de nouvelles expériences, à l'exploration de soi et à la sagesse ancestrale que les cristaux ont à offrir.

CONCLUSION

J'espère que grâce à ce guide, vous avez dorénavant quelques bases pour utiliser les pierres dans votre quotidien.

Souvenez-vous que chacune d'entre elle est porteuse d'une histoire unique, tout comme vous. Écoutez votre intuition et explorez le pouvoir des minéraux à votre propre rythme.

N'hésitez pas à expérimenter, c'est de cette manière que vous découvrirez les vertus de chaque pierre.

Gardez votre esprit ouvert et laissez-vous guider par votre curiosité.

Que les minéraux illuminent votre chemin et vous aide à devenir la meilleure version de vous-même !

Johanna

INDEX

Avertissement

Toutes les informations qui vous sont données dans ce livre le sont à titre informatif. Elles ne constituent en aucune façon un diagnostic ou un traitement médical. En cas de problème de santé, veuillez consulter votre médecin.

5, rue Saint-Germain l'Auxerrois - 75001 Paris

Directeur de publication : Didier Ballot

Directrice éditoriale : Marie Roussos

Responsable éditoriale : Séverine Pedan

Éditrice : Morgane Kesteman

Correctrice : Géraldine Coullaud-Boudy

Adaptation graphique et mise en pages : Trémas

Crédits iconographiques : © Shutterstock,
© Johanna Cohen-Roset pour les pages 40, 74

ISBN : 978-2-38355-407-3

Dépôt légal : septembre 2023

Achevé d'imprimer en février 2024 en Chine par MPaper